Ⓢ新潮新書

米窪明美
YONEKUBO Akemi

明治天皇の一日

皇室システムの伝統と現在

まえがき

最近、皇室典範改正論議や皇太子妃雅子殿下のご健康問題など、皇室の今後のあり方を問うような話題がマスコミを賑わせています。

そのなかで、皇太子殿下の「公務」に対するご発言がありました。ご発言の内容は、新しい時代に即した公務を宮内庁と相談しながらご夫妻で模索してゆきたいというものです。それに対して、天皇陛下や秋篠宮殿下からも、それぞれのお立場でご発言がありました。皇族にとって公務とは何か、皇族に公的生活と私的生活の別があるのか、など論議は今も続いています。多くの識者は、私たちと同じく皇族にも私生活があるという、近代的な視点で問題を掘り下げ、また世論の大勢もそれを支持するものでした。

しかし、そもそも日本語で「おほやけ」といえば、本来天皇家や天皇自身をさし、天皇の存在そのものが公的と考えられてきました。つまり本来の日本語では、天皇は他の人々とは隔絶した存在で、その生活を公的、私的とは分けられないもののようなのです。

連綿と続いてきたごく古い形のものごとに、近代的な考え方や手法で対処しようとしても、なかなかすっきりとはいきません。雅楽をドレミファ音階で書き写しても、同じように演奏するのは難しいのと同じです。現在の皇室にかんする問題もしかりです。近代的な考え方だけで対処できないからこそ、問題が山積するのではないでしょうか。

よき伝統を守りつつも開かれた皇室を目指さねばならない立場そのものから、一連の問題は生じているように感じます。「伝統」と「革新」。この相反するものを同時に成り立たせることは、とてもとても難しいものです。雅子妃殿下の適応障害による長期ご静養は、私たちに問題の深さを重く問いかけます。

ただこれは今に始まったことではなく、皇室が明治時代から背負い続けた重荷でもあります。明治天皇を中心とする当時の皇室も、現在の皇室と同じように「革新」と「伝統」の間で揺れ動きました。旧弊に閉ざされた京都御所から東京に移り、明治天皇が最初に手がけたのは、女官制度の改革です。この改革は表面的には成功したように思われましたが、システムの核心部分は温存されるなど、古き伝統に変化はありませんでした。

これは、なにも明治の宮廷だけの話ではありません。本書では、大正と昭和の皇室にも触れますが、改革の掛け声とは裏腹に、伝統に根ざした宮廷のシステムはしぶとく生き続けてゆくのです。なぜ多くの人々の真摯な改革への努力にもかかわらず、宮廷のシステムを変えられないのでしょうか。この現在の皇室にもつながる疑問を解くには、明治の皇室まで遡り、宮廷生活を隅々までつぶさに見てゆくことが必要になります。近代全体を見なければ、問題の本質はわからないからです。

本書では、明治宮廷での、天皇、女官、侍従たちの何気ない一日の生活ぶりをじっくりと見てゆくことにします。取り上げるのが、なぜ平凡な一日なのかと不思議に思われる方もいらっしゃるかもしれません。しかし、戦争など非常時ではなく、むしろ、平凡な普段の生活の中にこそ、変えがたい宮廷のシステムの謎が潜んでいるはずです。特に「奥」と呼ばれる、女官たちが仕えるプライベートスペースでの過ごし方は、いろいろな面で重要です。日常の些細な物事の中に、皮膚感覚のそれゆえに変えがたい、宮廷問題の核心があるはずだと思うのです。

明治宮廷の一日を事細かに再構成するために、本文中では明治天皇に直接仕えた人々の回想録や手記から沢山の引用をしています。特に『「明治天皇紀」談話記録集成』（以後『談話記録集成』とします）からの引用は本書の核となっています。同書は『明治天皇紀』作成のために、臨時帝室編修局が取材した元側近へのインタビューがそのまま掲載されている貴重なものです。

元側近たちの記録は、詳細な宮廷の様子と、彼らのものの考え方を、私たちに教えてくれます。彼らの生の声から、宮廷社会特有の言葉遣いや風習などが、読者の皆様にダイレクトに届くように願っています。引用に際しては、当時の雰囲気を味わって頂くために、原則的にそのまま掲載しております。カタカナ表記を一部ひらがな表記に、また旧字を新字に直してありますが、旧かなには手を加えてありません。

また、本書の執筆にあたり、宮中歌会始披講会会長の坊城俊周先生にご指導頂きました。

すっかり前置きが長くなりました。それでは、明治の皇室の朝の様子からご紹介してゆくことといたしましょう。

二〇〇六年五月

米窪明美

明治天皇の一日——皇室システムの伝統と現在◇目次

第一章　御内儀の長い朝

皇室の一日は「おひる」から始まる

かつて女官として明治天皇に仕えた山川三千子によると、天皇の一日はきわめて規則正しいものだった。

〈お上のおひる（お目ざめ）は平日は、午前八時でございました。御寝室に宿直した権典侍の「おひーる」というかん高い一声から、皆の活動が始まるのです〉（『女官』）

明治天皇の御格子（みこうし）の間（寝室）には交代で一人ずつ権典侍（ごんてんじ）、いわゆるお后（きさき）女官が宿直する。お目覚めは、この権典侍から隣室の宿直女官へ、さらに他の女官たちへ、次々と口頭で伝えられてゆく。典侍には「申しょー、おひるでおじゃーと、申させ給う」、掌（しょう）

侍・権掌侍の元には「申しょー、おひるでおじゃー」と、身分により言葉遣いは異なる。甲高く通る女官たちの声がこだまのように御内儀の中で響きわたると、やがてその波は二つのルートに分かれて宮殿中に伝えられてゆく。一つ目のルートは女孺・雑仕など下働きの者たち、二つ目のルートは「表」である。なんでこのような面倒なシステムをとるかというと、御内儀では、身分に応じた範囲内でしか会話が出来ないからだ。たとえ館内電話や館内放送が完備されていたとしても、権典侍が直接各部署に「おひる」を知らせることなど不可能。身分の階段を情報が一気に伝わることはなく、毎回伝言ゲームのように情報を伝えるしかない。

明治四十一年から二十五年間仕人であった小川金男によれば、「表」でも「おひる」の伝達により各部署は一日の仕事を開始したという。

〈この「おひる」になると、やはり皇后宮職の仕人が側近の事務所にお目醒めを知らせて歩く。それより先に、女官は御常御殿の外廻りの部屋を掃除してしまう。同時に仕人は御縁側を掃除する。その頃になるとすでに数十名の植木屋が御常御殿のお庭の掃除に入つてきているが、仕人はその植木屋の監督もする。陛下がお目醒めになつて雨戸が開くと、それを合図に仕人は植木屋の人員をしらべて外に出してから、掃除がすんだことを知らせるためと、清めの意味で、拍子木を叩く。

一方侍従職では、侍従が十人ぐらいいて、交替で当直しているが、毎朝陛下のお目醒めと同時に当直侍従は衣冠束帯で、仕人を従えて、馬車または自動車で賢所に行って御代拝を行うのである〉（『宮廷』）

明治元（一八六八）年十月十三日、明治天皇は東京御幸により「東京城」と改名された江戸城に主人として入城した。その年十二月には婚儀のために一度御所へ還幸するものの、翌年三月に再び東京に戻ると、そのまま東京城に住み続けた。明治六年、女官の火の不始末から東京城出火。赤坂仮御所（旧紀州藩邸）へ引越しを余儀なくされた。

その後、明治二十一年に西洋式の明治宮殿が完成。宮殿の奥、うっそうとした森にかこまれた一角に、天皇のプライベートスペース「御内儀」はあった（十六、十七頁参照）。御内儀は寝室（御格子の間）を中心とした平安時代からつづく寝殿造りを基本に造られており、天皇の居住区域と、それより一回り小さな皇后の居住区域に分かれている。二つの居住区は廊下でつながれ、全ての部屋は畳敷きであったが、くまなく絨毯が敷き詰められていた。

御内儀の廊下は、入側と呼ばれる広い畳敷きで、部屋と同じように絨毯が敷かれていた。入側は通路であるとともに、女官たちの控え室でもある。女官は交代で天皇・皇后の部屋の中に控える者と、部屋の外、入側に控える者に分かれて御用を待った。

御内儀は、二つの扉で外界から厳格に隔てられている。「表」との境は鶏の絵が描かれた「鶏の杉戸」、下働きの人々との境は「中の口」。この二つの扉から中がまさに天皇・皇后と高等女官、それにごく限られた廷臣のみが出入りできる、いわゆる「御内儀」なのである。

御内儀の構造で特徴的なのは、なんといっても区域により細かく「差」が付けられていることだ。『皇室建築　内匠寮の人と作品』によると、床の高さ、鴨居の高さは六段階に分かれていた。例えば床の高さで言えば、一番高いのは天皇の居住区で、二番目の皇后居住区よりも〈一寸（約三・〇三㎝）〉高い。また天皇居住区の鴨居は〈八尺三寸四ト（ママ）（約二・五二ｍ）〉だが、皇后居住区は〈七尺（約二・一二ｍ）〉、一番低い場所では〈五尺九寸（約一・七八ｍ）〉となる。このほか床や、屋根などにも「差」はあった。つまり建物そのものが、そこで生活する人々の序列をそのまま表しているということになる。

御内儀・御学問所の全体図

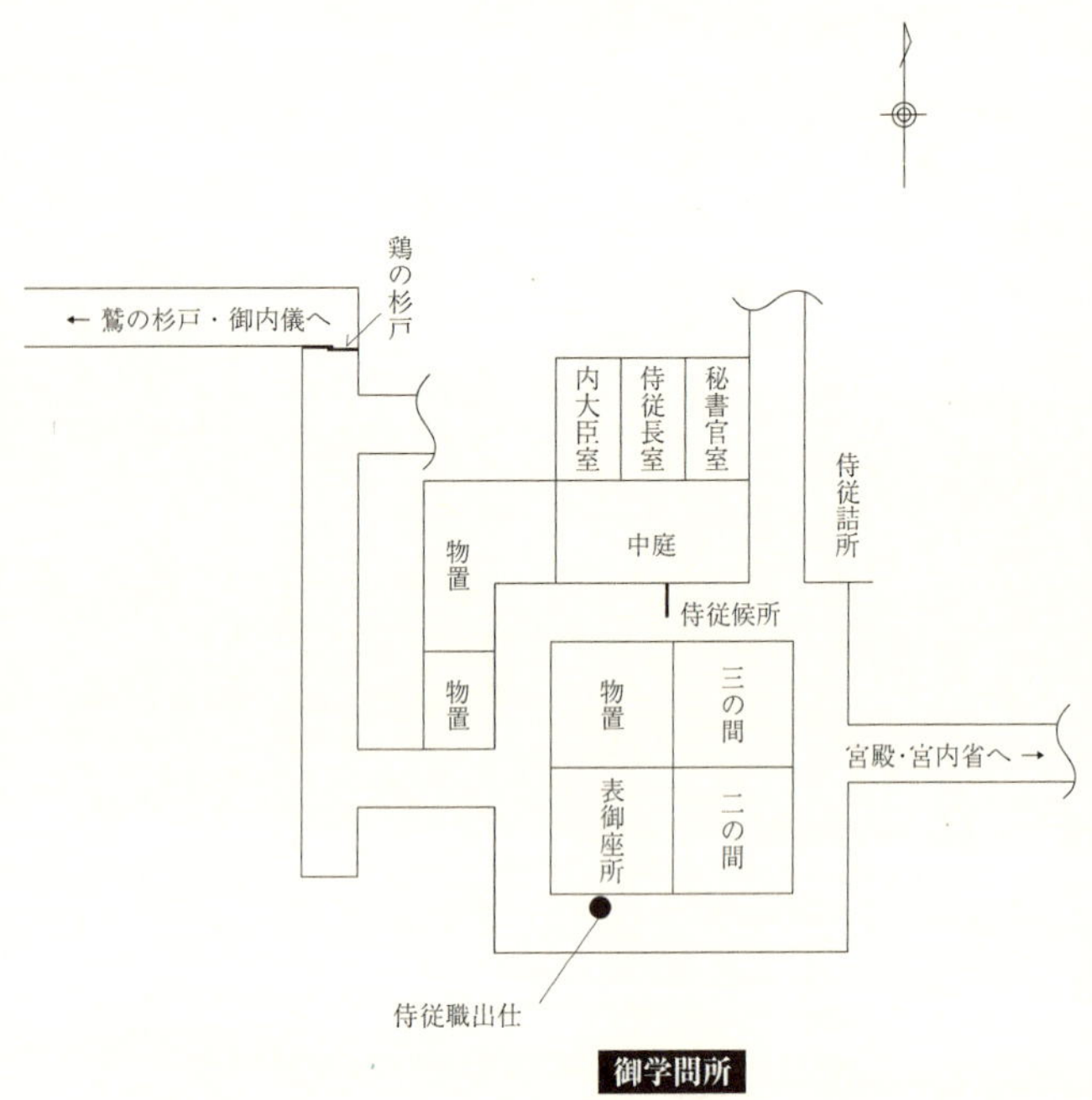

※作図にあたっては、『女官』(山川三千子、実業之日本社、1960年)に掲載の見取図を参考に簡略化させて頂きました。

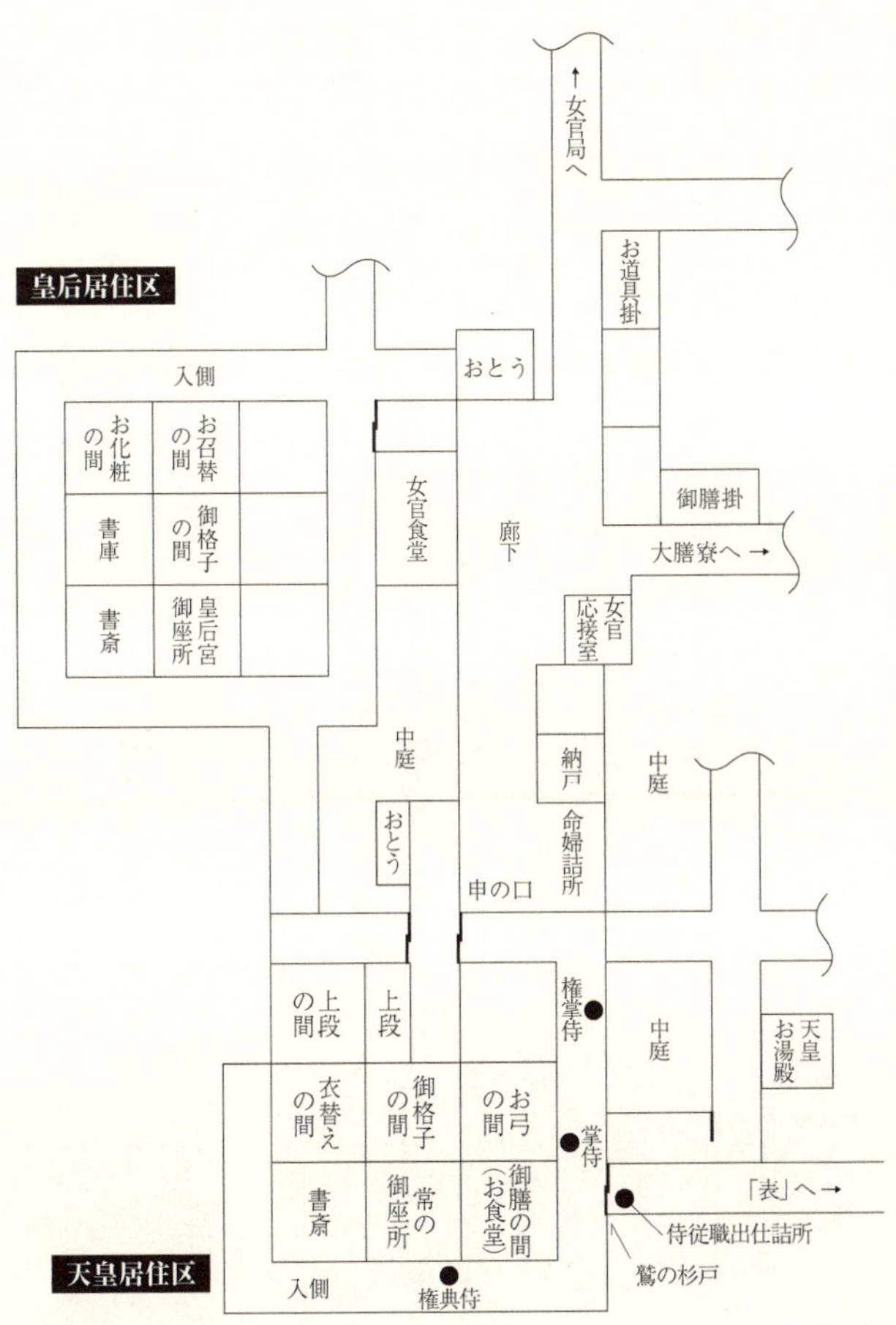
女官局へ
お道具掛
皇后居住区
おとう
入側
お化粧の間
お召替の間
女官食堂
御膳掛
廊下
書庫
御格子の間
大膳寮へ
女官応接室
書斎
皇后宮御座所
納戸
中庭
中庭
おとう
命婦詰所
申の口
上段の間
上段
権掌侍
中庭
天皇お湯殿
衣替えの間
御格子の間
お弓の間
掌侍
書斎
常の御座所
御膳の間(お食堂)
「表」へ
侍従職出仕詰所
天皇居住区
入側
権典侍
鷲の杉戸

明治天皇は「表」では西洋建築の宮殿を受け入れながら、私的空間はあくまでも従来のスタイルにこだわった。御内儀の中心は寝室、つまり血縁を基礎とした宮廷文化そのものだ。それは書院、つまり書斎を中心とした、能力を基礎とする武家文化とはまったく異なる世界である。御内儀は、近代化した東京の真ん中にある、まさに中世であった。

お役女官とお后女官

その建築様式だけでなく、御内儀のシステム自体もまた、中世のままであった。まずその住人である女官からして、相変わらず公家の娘たちなのだ。京都から東京に居を移したのをきっかけに、御所においては到底不可能だった古株の女官の整理など宮廷改革が断行され、皇后を頂点とした女官制度が再編成される。それゆえ建前では御内儀の女官も士族の娘を受け入れることにはなった。

しかし実際は、「奥」には京都御所の空気がそのまま運び込まれていた。自宅から通勤する通訳など特別な能力を持った者以外は低い役目にしかつけず、上位の役目は公家出身者が独占した。このように任官時から差があるので、長く勤めている士族出身の女官の上役に、着任したばかりの公家出身者がついてしまうようなことも多かった。士族出身ながら和歌の才能で権掌侍に抜擢された税所（さいしょ）敦子や権命婦（ごんみょうぶ）下田歌子などの例外もあるが、出身身分を越えることはなかなか出来ないシステムであった。

　つまり明治期の宮中は、出身でなく能力により役目につくことが出来る「表」、出身身分により役目が制限されている「奥」という、二つの顔を持っていたことになる。

　これは身分制度を守るというよりも、もっと切実な宮廷の実情から発している。というのは、士族出身者は御内儀でははっきりいって即戦力にならないのだ。最大の原因は言葉のハードルである。御内儀の中では相変わらず京言葉が話され、しかもそれは御所言葉というさらに特殊なものだったから、士族出身者はまず戸惑ってしまう。言葉を理解し、天皇を中心とした複雑な宮家・公家・大名家の血縁関係を覚え、独特な慣習を身につけ、雰囲気に慣れる。つまり、公家出身者であれば当然のように身につけている常識を会得するだけでも長い時間が必要になる。限られた予算内で人員を採用する側からしてみれば、実戦能力にまさる公家の娘が求められたのも無理からぬことだった。

　さて、冒頭で天皇の目覚めを伝えるシーンからもお分かりのように、ひとことで女官といっても、さまざまな身分、立場のものが御内儀に仕えている。また御所時代から引き続き、女官が天皇に侍寝していた。侍寝しない女官は「お役女官」、侍寝する女官は

「お后女官」と呼ばれ、同じ役目の中でも「お役」と「お后」がいた。本来は定められた役目の定められた家柄の人しか侍寝出来ないのだが、明治天皇が規則を破ることもあったようだ。

女官は天皇の日常生活を語る上でなくてはならない存在なので、位の高い順に簡単に整理しておく。

・**尚侍**（しょうじ）（通称ないしのかみ）　歴史的な役名で欠員。

・**典侍**（てんじ）（通称すけ）　女官のトップ。明治時代には高倉寿子（かずこ）、柳原愛子（なるこ）のツートップ体制であった。高倉は今で言う女官長。柳原は大正天皇御生母という功績による任命である。

・**権典侍**（ごんてんじ）（通称すけ）　所謂（いわゆる）「お后女官」である。交代で終始天皇の側につき、侍寝も交代で行なう。ただし全員が「お后」ではなく、副女官長の役目を担うものもいた。

・**掌侍**（しょうじ）、**権掌侍**（ごんしょうじ）（通称ないし）　皇后の身の回りの世話をする役目。基本的には「お役女官」であるが、一部は「お后女官」であった可能性がある。

・**命婦**（みょうぶ）、**権命婦**（ごんみょうぶ）（通称みょうぶ）　権掌侍以上と女嬬以下の女官を仲介する役目。

・**女嬬**（にょじゅ）、**権女嬬**（ごんにょじゅ）（通称みなかま）　天皇皇后の食事や服装、調度品などに関する準備、整理をする役目。

・**雑仕（ざつし）、下仕**　日常の雑務をする役目。

掌侍、権掌侍までは、旧堂上家、明治の家格に直すと伯爵、子爵家の未婚の女性が任官される。命婦、権命婦は門跡寺院の家令や格式ある神社の社家、士族の出身者、女孺以下は士族だけでなく、大地主などの富裕層出身者もいた。ちなみに、命婦、権命婦までが高等女官で直接天皇夫妻に仕えることが出来る。

各々の人数は年代により変動があり一定しないが、一例として明治四十二年当時の権命婦以上の人数を挙げておくと、典侍二名、権典侍五名、掌侍一名、権掌侍九名（うち三名は自宅通勤の通訳）、命婦一名、権命婦七名という陣容であった。

御内儀の中の少年たち

これら女官のほかに、御内儀の日常を語る上で外せない重要なメンバーがいる。侍従職出仕、通称内豎（ないじゅ）である。彼らは十歳前後から十五歳位までの公家の子弟で、その役目は簡単にいえばお小姓だ。限られた男性しか出入り出来ない御内儀と表との連絡役として、中性的な少年が必要とされたのだ。

時期により定員は異なるようだが、常時五、六人いた彼らは二組に分かれ、隔日で学習院に通いながら勤務した。交代で宿直もこなさねばならず、子供には精神的にも体力的にもきつい仕事だったので、次第に学校を休みがちになる者もいたらしい。

しかし学業に多少の支障があったとしても、政務の最前線に子供の頃から参加し、宮中や政界との人脈を、親を通してでなく自ら築くのであるから、その無形の財産は計り知れない。学校へ戻った彼らの多くが、侍従として貴族院議員として次代の宮中をリードしていったのも当然だった。

明治二十二年の官制改革により侍従職から内豎課が消えて以来、表面的には内豎は存在しないこととなっているので、侍従職出仕のうちの誰が所謂内豎であったかは、彼らの回想録などを丹念に調べる必要がある。いずれにせよ、その後の彼らの活躍を抜きに、戦前の宮中を語ることが出来ないのは事実である。

見た目も名前も身分次第

様々な立場の人間が仕え、働いていた御内儀だが、その日常生活内には身分によるあらゆる面での区別が根ざしていた。

女官は御内儀内では、本名でなく天皇から賜った雅な名前で呼ばれる。例えば権典侍の小倉文子は「緋桜の典侍（ひざくらのすけ）」、園祥子は「小菊の典侍（こぎくのすけ）」という具合である。美しいこれらの名前は、公家出身者は二文字、武家出身者は一文字と区別があり、出身階級が瞬時に分かるシステムになっている。この他にも様々な身分による区別があった。

第一の区別は、高等女官とそれ以下の住み分けである。まず基本的に押さえておかなければならないのは、権掌侍以上と女孺以下の二つのグループは、直接接触しないということだ。両者は、勤務・住居の空間自体が異なっており、同じ御内儀に勤務しながら、お互いに言葉を交わすどころか、顔を見ることもなく、何十年も暮らし続ける。そんな二つのグループを仲介するのが、命婦・権命婦の役目である。

勤務エリアでは、「申の口」が、両者の境。「申の口」に陣取った命婦らの仲介により、二つのグループの間を食事や品物が行き来することになる。また官舎も命婦らを間に二つのグループは分かれており、高い塀がそれぞれの建物を仕切っていた。

さらにこれら女官の序列の下に、宿舎内で高等女官の世話をする一群の人々がいた。宿舎では高等女官は「旦那さん」とよばれ、「家来」とよばれる専属の身の回りの世話をする侍女、台所仕事をする下女が各々ついていた。天皇皇后に仕える女官、その女官に仕える人々、御内儀には数多くの階級が存在していた。

第二の区別は、見た目である。宮廷では階級それぞれで服装、髪型が異なり、一目でどのクラスに属するか分かるシステムになっていた。例えば高等女官の正装は洋服であり、それ以下の女官との区別ははっきりしている。しかしその高等女官内でも区別は厳しい。例えば「お雇い」と呼ばれる見習い期間は、洋装は出来ず日本服つまり和装でなければならない。和装といっても現在私たちが思い浮かべる和服ではない。白羽二重の丸袖の着物、緋の袴、袿衣という伝統的な姿である。髪型も「根」と呼ばれる見習い期間の独特な髪型にしなくてはならなかった。

第三の区別は、言葉遣いである。現在の敬語はただ相手を敬えばいいのだが、宮廷では相手の階級により使う言葉が違ってくる。例えば、御内儀で人とすれ違う時に自分より上の者には「お許しあそばせ」と挨拶をするのだが、下の者には「お許しやす」と変わる。また廊下で他人の家来とすれ違う時には「お構いのう」と言わなければならない。仕事を抱えながら行き違う人を瞬時に見分けるのだから難しい。あらゆる言葉がこのように相手により変化するのだ。ということは、相手の顔と地位をあらかじめ覚えておき、瞬時に自分との位置関係を判断して発言しなければならない。前にあげた見た目の区別は、このために重要なことであった。

すべては出身階級で決まる

第四に、下賜される品々にも区別がある。宮中では後に述べるように、天皇皇后の衣装や寝巻き、寝具、食事やお土産、など様々な品物が女官に下賜される。これらの分配もまた身分により少しずつ差をつけられるのだ。差をつけられるのは人間だけではない。長年侍従として仕えた日野西資博（ひのにしすけひろ）によれば、明治天皇のペットにもお側に上がった順に序列があり、与えられる品物に差があったという。

〈犬も二つばかりをりましたが、初めのうちは縮緬とか絹とかいふやうな蒲団は御与へになりませぬで、「メリンス」の蒲団を御与へになる。だんだん御側に伺ふやうになりますと、縮緬の蒲団が出来るといふやうな具合に、御奉公匆々（ママ）から良い物を着せてやるといふやうなことは決してなかつたといふ事を承つてをります〉（『明治天皇の御日常』）

まったく隅々まで徹底している。このほかにも日常のあらゆることに区別があるのだ。私たちの感覚からすると差別としか思えない。しかし宮廷内の人々は区別を当たり前のこととして受け取っている。序列によって下賜される品物に差があることについても、依怙贔屓（えこひいき）がないと感激しているくらいなのだ。

〈上の者から順々に良い物を下さることにきまつてをりました〉〈上の者から順々に下さいますから、下の者は悪い物を戴くのでございます〉など、「区別」にそった、「公平」な天皇の振る舞いについて繰り返す。現在の感覚からすると全員に同じ品物を下賜するほうが公平に思われるが、彼らにとっては、身分の差があれば品物にも差がなければ、公平さを欠くということになる。

近代社会では人は能力により評価され、その能力は「努力」によって得られることになっている。しかし、序列が上の者は能力が優れているという考えは、日本の宮廷にはなじまない。日本の貴族社会では、身分の上下は基本的にどの家に生まれたかで決まる。序列が上の者は、その位置にある家に生まれた者であり、そこに人間性の評価は含まれない。御内儀では天皇も区別の対象である。御内儀に存在する区別は、衣装、言葉、しぐさ、などにより身分を記号化したもので、儀礼上必要とされた目印なのである。

さて、御内儀のシステムにかんする説明は一旦終え、もう一度寝室で目覚めた明治天皇に場面を戻そう。

早起きも寝坊も許されない

午前八時ちょうど、「おひーる」の声を合図に、ぴたりと閉ざされていた天皇の寝室、御格子の間が開かれる。御内儀の真ん中、周囲を襖で囲まれたこの部屋まで、朝陽が届くことはない。薄暗い部屋の中央に置かれた、御寝台の上で目を覚ました天皇には、果たして今日が晴れているのか、曇っているのか見当もつかなかった。

御寝台とは分かり易くいえばベッドである。御寝台には天蓋もついており、冬は牡丹地紋白緞子の緞帳、夏は絹もじの蚊帳がベッドの周りを囲む。この天蓋つきのベッドは、西洋化に伴い導入されたものではなく、古くは「帳台（ちょうだい）」と呼ばれ源氏物語や枕草子にも描かれているように平安期から続くものである。

明治天皇のお目覚めを知らせる伝言ゲームが、宮殿を駆け抜ける中、まずは侍医による健康診断が行なわれる。御格子の間の入り口まで命婦に案内された侍医は、入室すると天皇の脈を計り、舌を見て健康状態をチェックする。脈を直接診察することは恐れ多いために、寝巻きの上から計ったとの風評があるがうわさに過ぎない。

〈直接に拝診致します。ただ御舌は拝見する時に御側に寄りますから、侍医は手を口に当てます。御脈は直接拝見致します〉（『明治天皇の御日常』）

毎朝の診察とあわせて、検便も毎回行なわれる。『明治天皇紀』によれば、天皇の身長は五尺五寸四分というから約百六十七センチ、当時としては大柄である。晩年の天皇は運動不足から太り気味で、糖尿病の気もあったが、西洋医学を嫌い、鍼や按摩といった伝統的な治療法を好んだ。具合が悪くても自己申告をしなかったので、侍医は限られた材料と長年の勘で診察しなければならなかった。

侍医による診察が行なわれている間に、白い小袖を腰紐で端折(はしょ)りあげた命婦・権命婦たちは、お湯を入れた大きな盥を御格子の間の入り口まで運ぶ。診察を終えて侍医が下がると、その盥は隣室に宿直した女官により御格子の間に運び込まれ、今度は天皇の「お化粧(しまい)」が始まる。お化粧とは身支度全般をさす御所言葉だ。断髪する以前は明治天皇も毎朝薄化粧をしていたが、化粧の廃止後もこの言葉は残った。

そのお化粧だが、まずは嗽い、つぎに洗顔、絞った熱いタオルで上半身を清める、という順番で進む。最後に髪を整えるとお化粧は完了である。二、三日で外国香水一瓶を使い切ったという明治天皇が、その日最初の香水をどこでつけたかは定かでないが、おそらく朝のこのタイミングだろう。

御内儀は、天皇のお目覚め「おひる」を合図に慌しく一日の仕事を開始した。見方を変えれば、もし「おひる」の伝達がなければ、あらゆる仕事は始まらないということになる。つまり明治天皇の存在そのものが、宮殿の時計の役割を果たしているのだ。

この天皇という宮中時計に一番縛られていたのは、実は明治天皇自身であろう。多くの人は年を取ると早起きになるものなのに、明治天皇の場合、勝手に床を離れることは出来ない。なぜなら、天皇が朝六時に「おひる」になってしまったら、「奥」だけでなく、侍医、庭番、宮内省の役人など宮殿に勤めるすべての者の出勤が、二時間前倒しになるからだ。

明治宮殿での天皇の毎日は判で押したように単調である。そこに明治天皇の謹厳な性格を見る向きもあるが、若いころには母親（生母ではない）にあたる英照皇太后の御所を毎回突然に訪れ、その都度接待にあたる女官をあわてさせているのだから、スケジュール通りでないと気がすまない几帳面な人物とはいえない。つまり天皇の時間に対する几帳面さは、性格によるものでなく、周囲に対する配慮なのである。明治天皇は自分の気分によって起床時間をずらしたりすると、多くの人が迷惑することを自覚していた。身分社会は上に位置するものが一方的に恩恵を被る社会ではない。

皇后の朝はメイクから始まる

一方、天皇と寝室を共にしなかった皇后美子(はるこ)は、毎朝自身の御格子の間で目覚めた。

「御機嫌よう」

同室で宿直の女官が声をかけると、皇后の「おひる」(お目覚め)となる。時刻は午前七時半、天皇よりも三十分早い。天蓋つきのベッド、白羽二重の寝具、寝巻きは、全て天皇とお揃いである。ただ寝巻きの帯だけは、細い緋縮緬と女性らしい。女官が寝室に一人、隣室に二人宿直するのも天皇と同様である。ただ天皇の寝室に泊まるのはお后女官である権典侍だが、皇后の場合は通称ないしと呼ばれた掌侍・権掌侍であった。

目を覚ました皇后は、化粧着を着ると、お化粧道具が並べられているお化粧の間へ向かう。天皇の場合と同様に、そこではまず命婦が運んできた大きな盥のお湯で、女官の助けを借りながら上半身を清める。体をよく拭くと次は髪を上げ、ここから念入りなお化粧が始まる。

皇后美子が古典的な化粧法を止めたのは明治六年八月二十三日のことである。〈皇后、本日より粉白を施すことを廃し、女官をして之れに傚はしめらる〉と『明治天皇紀』は伝えている。それまでのお化粧法とは、どろりとした白粉を塗りこめる方式で、現在では京都の舞妓に残されている。

古典的な化粧を止めた皇后は、最新のメイク法を取り入れる。

〈巴里ピノア会社の肌色でクリーム状の白粉、口紅も今の棒状の物とほとんど変りません。香水なども皆フランス製をご使用になっておりました〉(『女官』)

女性にとって化粧法を変えることは案外難しい。現在でも多くの女性が、年齢がバレてしまうにもかかわらず、若いころに覚えたメイクを、流行に構わず続けている。一度植えつけられた美意識は、頭では分かっていてもなかなか転換できないものなのだ。まして古典的な化粧から西洋式のメイクへの転換は、あまりにも大きなハードルである。

しかし皇后美子はいとも簡単にこのハードルを越えている。
こうして皇后が最新式の西洋風メイクをしている間にも、次々と出勤者が朝の挨拶に訪れる。当時、侍従職出仕であった園池公致もその一人だった。園池は明治二十九年から明治三十四年まで仕え、後に白樺派の作家となった人物だ。

〈皇后サンは、（中略）大抵そのときは「お化粧」の最中で、お部屋の外から黙つてお辞儀をする。ここでは傍で御用をしていた女官の一人が「何某がお辞儀をしております」と、向うむきの皇后サンに取りなしてくれる。すると皇后サンは一言「ほう」というように答えてくださる〉（「明治宮廷の思い出」）

大勢の人が行き交う中で、どこかのんびりとした皇后美子の様子が目に浮かぶ。

一人ぼっちの朝食

「お化粧」でさっぱりとした天皇は、御格子の間の西側にある数々の箪笥が並ぶ衣替えの間で、朝食のために白羽二重のお召の寝巻きから和服へと着替える。「表」では徹底して洋装で過ごした明治天皇であったが、「奥」では和服でくつろいでいた。

着替えを済ませた天皇は、御格子の間を出て、お食堂と呼ばれていた御膳（おぜん）の間へ向かう。お食堂は天皇の居住区の東端にあり、他の部屋と同じく畳のうえに絨毯が敷き詰められている。その部屋の真ん中に南向きにテーブルが置かれているのだが、これは「天子は南面する」という中国の故事にならったものだ。昼食以後は皇后も食事を共にするが、朝食は一人でとることになっていた。

天皇が席につくと朝食のための儀式が始まる。御所言葉で朝食は「おなかいれ」という。「おひる」の場合と同様に、まず当日付き添いの権典侍が「おなかいれ」と甲高い声をあげる。すると次々と「申しょー、おなかいれでおじゃー」とのこだまが御内儀を駆け巡り、食事を用意する大膳寮まで恒例の伝言ゲームは続いてゆくことになる。

食事は、すべて当番侍医が「おしつけ」、つまりお毒味を済ませたものだ。安全が確認された食事は、一の膳、二の膳と大膳寮の職員から順次御膳掛の女孺に渡され、申の口で命婦・権命婦にバトンタッチし、さらにお食堂の入り口で掌侍・権掌侍に手渡され、やっと天皇の食卓に並ぶ。身分の階段を駆け下りた言葉は、食事へと姿を変え、手から手へ今度は身分の階段を上ってくるというわけだ。

悠長といえば聞こえがいいが、なんとも時間のかかるシステムゆえに料理がすっかり冷めてしまわないか心配になる。しかし時間に正確な天皇のおかげで、毎日まったく同じ食事時間にあわせ準備万端整えて手早くリレーされるために、冷え切った料理を食べずにすんだようだ。汁物は温め直して出したり、お盆全体に銀の蓋（夏は絹の蚊帳）をして冷めない工夫もされていたが、それでも熱々の料理に舌鼓を打つというわけにはいかない。このことだけが理由ではないだろうが、皇室に限らず戦前の特権階級の人々には猫舌が多かった。

ところで天皇の食事というと、懐石料理のように美しくほんの少しずつ盛り付けられた上品な食卓をイメージされる方が多いのではないか。しかし実際は「ほんの少し」とは逆で、多めに盛り付けられていた。なにもこれは天皇、皇后が大食漢だったためではない。二人は多めに盛り付けられた皿から「ほんの少し」食し、残りはすべて臣下に下賜するのだ。これは「おすべり」という宮廷で長く続く風習である。本来は「食事が残ったから下賜する」という理屈のはずが、いつの間にか下賜されることを前提とし、最初から多めに盛り付けるというふうに形式化していったのだ。

肝心の食事の内容だが、大膳寮が腕を振るった品々が並ぶこともあったが、大抵はカフェオレ（牛乳入りの珈琲）とパンで軽く済ませていた。このフレンチスタイルの朝食については多くの本が伝えているが、昭和三十七年、明治天皇五十年式年を記念した座談会では別のメニューが紹介されている。

〈**山川**　朝のお食前に差上げるコーヒーは一合入りが二本で黒い色をしていましたが、牛乳が少し入った色をしていました。それを召し上がるのはパンではなくて、生の麩でした。水っぽい餡が入っていました。今でも京都にはあると思います〉（明治神宮崇敬会、『側近奉仕者座談会　明治大帝の御日常を偲び奉る』、昭和三十七年）

餡入の生の麩というのは、「麩饅頭」と呼ばれている和菓子のことだ。しかし昭和三十五年に出版された当の山川の手になる『女官』では、パンを食べたことになっている。パン説が無難であるが、朝から麩饅頭とカフェオレを口に運ぶ明治天皇を想像すると面白い。

食事中の天皇は、和服とはいえ随分とくだけた雰囲気だ。

〈陛下はいつも縦縞の、普通の仕立てと変りのない和服を召していらつしやる。帯は白縮緬の兵児帯のグルグル捲き、袴なぞは召すことなく、菊の紋のついた羽織もあるとはきいたが、用いられたことはなかつた。寒中でも足袋はなく、たいていは白の靴下が踵のあたりにだぶついて、白メリヤスの洋袴下（ずぼんした）が、お召物の裾にたくれて見えるという、すこぶる呑気な御容子であつた〉（「明治宮廷の思い出」）

朝食をとる天皇に翌日の献立表「おかんばん」が渡される。朝から翌日の献立に目を通すのだから、何とも気の早いことである。しかし大膳寮としては買い物の都合もあり、これがギリギリのタイミングなのだ。

皇后の場合は、「おしまい」が終わると、化粧着のままその場で朝食となる。こちらも一の膳、二の膳と順に食卓に上るのだが、皇后美子もまた大抵はカフェオレとパンというフレンチスタイルであった。ただしパンは大膳寮でなく御膳掛の女嬬が焼いた温かいものである。そして天皇同様に翌日の献立表「おかんばん」に目を通す。

食事が終わると下半身を清める腰湯に入り、その後に洋服に着替える。こうして長い長い身支度が完了した皇后は、食事中の天皇に朝の挨拶をするため御膳の間へと向かう。

五分間もじっとしていられない

皇后の身なりは朝からとてもきちんとしていた。

「御機嫌よう」

皇后は絨毯に座り天皇に朝の挨拶をする。

〈その時はほとんど一定した型の洋装で、出番の女官が筥形の煙草盆を両手で持ってお供してくる。ちよつと御出勤という感じでもある〉（「明治宮廷の思い出」）

和服姿でくつろぐ天皇、ドレスで正装した皇后。それをとりまく女官の服装も、洋装あり、丸袖に緋の袴といった宮中スタイルあり。さらに身分により異なる髪型、メイクも皇后は西洋風なのに対し、従来からのスタイルを改めない女官らは古式日本風と入り交じる。さわやかな宮廷の朝、居並ぶ人々の服装はあまりにもバラバラで、まさに目で見る服装史といった趣であった。

天皇と皇后、この日はじめて顔をあわせた二人だが、交わされる会話はどのようなものだったのか。明治天皇が二歳年上の皇后美子に丁寧に接したことは、側近が口を揃えて証言している。特に蒲柳（ほりゅう）の質であった皇后の健康に関して、明治天皇はいつも気にかけていた。

〈「今日は天気が好いから、お昼から紅葉山に運動に行つて御出でになるやうに」とか、また「明日は新宿の御料地へ成らせられたら宜からう、既に大夫（香川）にはその話がしてあるから」といふやうな具合に、直接に　皇后様に御沙汰がございましたり、また夏の極く暑い日でございますと「今日はたいそう暑いから蓼湯（たでゆ）でも貰つて飲んでなるべく暑気にあたらぬやうに」といふやうな、一々御沙汰があらせられまして、万事なかなか御親切に御直きに御沙汰がございましたさうでございます〉（『明治天皇の御日常』）

相手を大切に考えていることを直接言葉で伝える習慣は日本男性にはない、とよく言われる。しかしそうとも限らないことは、平安時代の物語を読めばたやすく理解出来る。明治天皇もまた、常に周囲の女性への気配りを欠かさなかった。

気配り上手な天皇は、それゆえか様々な事柄が気にかかる性格でもあった。日野西は御内儀での明治天皇の様子を女官の言葉を借りながら、〈御食事のほかは五分間もぢつとして成らせられなかつた〉と述べている。天皇は、その日に行なうべき仕事を女官や侍従の各人に直接細かく指示し、その指示を決して忘れず必ず報告を求めたという。しかし時として言いつける用が合理性を欠くこともあったようで、この件に関しては後に改めて触れることにしよう。

一通り用を言いつけ終えた天皇は書斎に向かう。ここでコレクションを眺めるのが天皇の日課だ。

天皇自慢のコレクションのひとつは、床の間の刀掛に飾られた数々の刀剣である。自身でも買い集めたが、天皇の好みを知った臣下から献上された品々も多かった。

自慢の品の二つ目は時計で、置時計、柱時計、懐中時計とコレクションは多岐にわたっている。書斎の違い棚には主に懐中時計が飾られていたが、自分で楽しむだけでは飽きたらず、「表」には大きな置時計を飾って皆にも観賞させていた。

動きを止めない天皇はコレクションを楽しんだ後、部屋の中央に据えられたテーブルへと移動する。テーブルの上にはいつも書類が山積みにされており、天皇は立ったまま、せっせとその整理を始める。天皇は食事中以外、なぜか椅子に座らなかった。「奥」でも「表」でも一日中ずっと立ちっぱなしである。さすがに疲れると御座所に戻り床に座ってくつろいだ。〈普段は、中央の御座所の大卓の前、絨毯のうえに敷かれた毛皮のうえにでーんと坐つていらしつた〉（「明治宮廷の思い出」）とのことだが、くつろぎもつかの間、また用を思い出す。大好きな時計の針のように動き続けるのだ。

そんな慌しい天皇に寄り添うものがいた。犬である。明治天皇は犬が好きで「表」と「奥」それぞれで別の犬を飼っていた。「表」と「奥」の犬は区別され、双方の行き来はなかったという。側近の証言には様々な種類の犬が登場する。いなくなればその都度新しい犬が飼われていたのだろう。その中には侍従職出仕の少年たちを馬鹿にして吠え立てるものもいた。どの犬も利口で天皇が行くところであればどこへでもしっぽを振りついていったという。天皇に寵愛された犬は、女官や侍従にも可愛がられ宮殿のアイドルでもあった。

皇后は大の煙草好き

せかせかと動き回る天皇と対照的なのが皇后美子である。定位置である御膳の間の隅に置かれた、二枚合わせの屏風の前の座布団に、皇后はじっと座り続けていた。朝から様々な用を、せわしなく女官にいいつける天皇を尻目に、お付の女官が持ってきた煙草盆から銀の煙管を取り出し、大好きな煙草を静かにくゆらせるのだ。明治三十五年から昭和二十六年まで、五十年以上もの間宮中に仕えた坊城俊良によれば、皇后は〈下々の、ありふれた銀のきせるをお用いになっていられた〉（『宮中五十年』）という。

〈その御嗜好はなかなかお詳しく、つねに二本のきせるをお用いになり、かわるがわるつめて、ゆっくり召し上るという特別の方法で、きせるが熱して煙草の味が変るのをきらっていられた〉

〈皇后様といえば、さだめしお煙草一つ召し上るにも、女官などの人手を使われたと思われるであろうが、決してそうではなかった。御自身で適当なだけつめては、静かに召し上るだけであった〉（『宮中五十年』）

なかなかのヘビースモーカーぶりが窺える。徳川宗家十六代当主徳川家達の娘で、明治神宮宮司である鷹司信輔に嫁いだ鷹司綏子は、学習院女学部に行啓した際に、片時も煙草を手放さない皇后の姿を目にしている。

〈又御煙草は特に御好き様であらせられました御事は運動会の時など御側近くに御煙草盆がございまして女官が御きせるを差上げますと御手に遊ばされますのをはるかに見上げました〉（明治神宮崇敬婦人会、『昭憲皇太后御坤徳録』）

鷹司によれば、貞明皇后（大正天皇の皇后）は、皇后美子の実家である一条家の経子が煙草好きであることを知り次のように言ったという。

〈「それはやはり　昭憲后様の御血筋だ」と仰られ「昭憲后様は真に御煙草がお好き様でどちらにかならしやる時なども御供ぞろひもとどのひ御宜しい旨申上げるとそれから先づ御一服遊ばされてから御立ち遊ばされた」〉（『同上』）

昭憲后とは皇后美子のことだが、そういう貞明皇后自身も煙草好きだった。同じように煙管を使用し、きざみ煙草を楽しんでいる。この時期、上流階級の女性には思いのほか喫煙者が多い。現在私たちが「伝統的な風習」と考えていることの多くは、実は中・下級武士の生活風習を基本にすえている。「女が煙草をすうなんて」と眉をひそめるのもその一つだが、生活風習は往々にして階級により異なることは理解しておくべきだろう。

出御は午前十時半

こうして、御内儀が忙しくもゆったりと朝のひと時を送る間、「表」では着々と政務の準備が始まっていた。侍従職出仕は、御内儀に持ち帰った書類や手文庫を表御座所の机に並べておく。侍従や武官も打ち合わせを終えて準備は万全だ。拝謁を待つ大臣や役人たちも廊下に集まりだしている。全員が天皇の執務開始を今や遅しと待ち構えている。

さて、書斎で自慢の刀剣や時計のコレクションを観賞し、書類も整理し終わった天皇は、今度は常の御座所入側に向かう。障子の開け放されたこの場所は、御内儀の中で一番日当たりがよく、盆栽がずらりと並べられている。見事な枝ぶりを眺める天皇の顔に、やすらぎの色が浮かんだ。内苑寮は天皇の目を楽しませるために、一週間ごとに盆栽を入れ替えていたという。天皇も若いころには、毎日のように乗馬を楽しみ、季節の移り変わりを肌で感じていたが、今では盆栽だけが四季を知らせてくれる。

盆栽の隣には、刀剣、時計に並んで天皇のもう一つの自慢である、多くのオルゴールが並んでいる。電気を嫌った明治天皇が、時計やオルゴールのような機械じかけの品物を好んだことは意外に思えるが、機械というよりは「からくり」の延長線上にあるものだからなのだろう。

入側に立つ天皇の頬に、先ほどからしきりに風が当る。ふと目を上げると、中庭に広がる芝生が、降り注ぐ陽の中でなびいていた。

そろそろ「表」への出御の時間が近づいてきた。天皇は衣替えの間に戻り、和服から軍服に着替えはじめる。

〈このときの陛下の服装は、黒の肋骨飾りのついた陸軍の通常服で、胸間には、大勲位の副章のほか、赤十字記章とか、従軍記章とか、桐の葉をあざやかな七宝で図案した極く下級の勲章だけおつけになり、サーベルをさげ、軍帽を手に、金色の拍車のついた短靴を召している。ときには左の手に、愛用された純金の指輪、彫りをしたり、ダイヤモンドをちりばめたりしたのが、二つぐらい燦然と光っている〉(「明治宮廷の思い出」)

出御する天皇を見送るために、皇后は鷲の絵の描かれた杉戸の内側の敷居手前に座る。丁寧にお辞儀する皇后の前を天皇が通り過ぎ、その後ろを愛犬が追う。その先の鶏の杉戸の前には、侍従職出仕の少年たちが〈二三個の印形の入った梨地に御紋散らしの小箱、鍵の入った小箱〉を持って待ち受けていた。

出御の時間に関しては、時代により三十分ほど変化があるようだが、本書では十時半としよう。鶏の杉戸が開かれ、天皇とそれに従う少年たちは御内儀を後にした。閉められた杉戸に向かい愛犬が吠える声だけが残った。

こうして御内儀の長い朝は終わった。

第二章　御学問所の優雅な午前

御学問所は国の中枢

午前十時半、侍従職出仕の少年を従えた明治天皇は御内儀を出て、御学問所内にある「表御座所」へ入った。到着すると、まずは帽子を机の脇卓におき、剣をはずしてそばにたてかける。

「出御!」「出御!」

少年たちは、天皇が到着したことを廷臣たちの部屋に触れ歩く。御内儀のように、伝言ゲームを行なう雰囲気はまったくない。すでに待機していた侍従、侍従武官たちが、ぞろぞろと侍従詰所から出てくる。「表」の愛犬も、詰所のアームチェアーの上に敷かれた座布団の上からすべり下り、侍従らの後に従った。

表御座所前の廊下には、「奥」と同様に美しい盆栽が、彩りよく並べられている。廷臣たちは、ここに侍従、侍従武官の順で列になり、部屋の中に立つ天皇に向かって一人一人黙って頭を下げ、朝の挨拶をする。宿直があるため、侍従全員が顔を揃えるわけではない。天皇はあらかじめ出勤者を把握しており、もし用があるときにはこの折に言い渡す。戦争中などの非常時ともなれば君臣ともに目の廻る忙しさだが、平時にはさして用もない。声をかけられなければそのまま詰所に戻るのである。ただ愛犬のみが表御座所の中に入ってゆく。御内儀の何倍もの人数の男たちが働いているのに、建物全体は静かであった。

御学問所は、御内儀と宮殿の間にある二階建ての小さな建物で、双方と廊下で繋がっている。一般的に御学問所というと、天皇の執務室をさす場合と、執務室のある建物全体をさす場合とがある。本書では混乱をさけるために、普段使用されていた建物の一階部分全体を「御学問所」、その中にある執務室を「表御座所」と便宜上分けて記すことにしたい。

御学問所は四つの部屋から成り立っている。すべての部屋に絨毯が敷かれ、そのうちの一つが表御座所である。南向きのこの部屋には、両側に引き出しの付いた大きな執務机があった。机には錦のテーブル掛けが敷かれ、その上にはいつも書類が山積になっている。黒漆塗りの椅子には金蒔絵に螺鈿がほどこされ、その足元には首がついた白熊の毛皮が敷かれていた。

園祥子権典侍が明治神宮に奉納した写真によれば、この部屋にはマントルピース（暖炉）があり、その上には天井まで届く大きな鏡が飾られ、明かりはシャンデリアと西洋式でありながら床の間が備えられていたというから、なんとも独特な様式である。「二の間」には毛皮や時計が飾られていた。侍従職出仕であった園池公致はこの部屋に置かれたオルゴール時計をよく覚えている。

〈高サ（ママ）三尺ぐらいの塔の形をしたもので、四隅に硝子管を捻つた柱が、塔の屋根を支えるように立つている。時刻がくるとオルゴールが鳴り出し、その硝子管が廻るのが屋根から滝が落ちるように見えた。塔の上部には小屋があり、同時に扉が左右に開いて、両手で桃の実をもつた猿が現れて、点鐘の数だけひよいひよいとその桃を差し上げる仕掛けになつていた〉（「明治宮廷の思い出」）

これら自慢の品々を人々が見て楽しむ姿を天皇は喜んで見ていた。

残り二つは予備の部屋と物置である。これら四つの部屋の周囲には、「奥」と同様に広い廊下がめぐらされ、侍従たちや拝謁を待つ人々が控える。中庭を挟んだ向かい側には、内大臣室を筆頭に廷臣たちの部屋が並び、宮殿部分との間に侍従詰所があった。

御学問所自体は質素なつくりであったが、この建物こそが近代日本の中枢部であったといっても決して大げさではない。さきほどまで御内儀で「お上」と呼ばれていた天皇は、御学問所に入った瞬間から「大元帥」に変わる。御内儀と御学問所を結ぶ薄暗い廊下は、中世から近代へ向かうタイムトンネルなのである。

面倒な拝謁のルール

天皇の出御を待っていたのは、朝の挨拶に向かった侍従たち一行だけではない。すでに廊下の椅子には大臣や将軍たちが陣取り、天皇に判断や裁可を求めるための拝謁を今や遅しと待ちかねているのだ。

近代とはいえ宮中のことゆえ、たとえどんなに急いでいても、拝謁には面倒な手順を踏まねばならなかった。

〈例えば、大隈重信が拝謁を願うとすると、それを陛下に申し上げると、御都合さえよければ折返して「大隈を呼べ」とおつしやる。侍従長のところで御待ちしている大隈重信のところへ行つて、「召しまする」というと、大隈重信は、太い重そうな杖を突いて御座所の方へコッコッ歩いて行く。そして宮殿へ行く入口のあたりの壁に杖を立て懸けておいて、またコトリコトリと御座所へすすむ〉（「明治宮廷の思い出」）

拝謁を望む者はまず侍従長、侍従に申し入れをする。侍従は侍従職出仕に伝え、彼らが天皇に伝え、許しが出れば彼らが案内し、めでたく拝謁となるのだ。侍従が直接天皇に大臣の来訪を伝えればいいように思うのだが、どんな場合でも侍従職出仕を介すルールになっているのだから仕方がない。

侍従職出仕は天皇と他の人々との取次ぎ役であるので、常に表御座所の前の廊下に侍立しご用を待つ。拝謁がはじまると少年たちは、内密な政治向きの話を聞かないように定位置から退散する。そして来訪者が去ればすばやく定位置に戻る、という作業を繰り返すのだから忙しい。逆に話が政治向きの内容でなければ、今度は一時間でも二時間でもすることもないまま立ち続けなければならない。子供にとっては大変な仕事である。

天皇から侍従に伝達事項がある場合も、その仲介は少年たちの仕事だ。侍従職出仕であった坊城俊良によれば、まず彼らは、天皇の言葉を表御座所の執務机のサイドテーブルにて鉛筆で下書きをする。次に墨で清書し天皇の確認を得た上で、紙を持って侍従のところへ向かう。

〈一日に一度ぐらいは筆記に三十分もかかるおいいつけがあった。中に私たちでは筆記困難な言葉や知らない字があると、懇ろにお教えになった〉(『宮中五十年』)

〈筆記に三十分もかかる〉よりは、どう考えても天皇が直接侍従に伝えるほうが効率がよい。しかし繰り返すが、それがルールだから仕方がないのだ。

このように侍従職出仕は飾りではなく、きちんと御学問所のシステムに組み込まれていた。もともと公家たちは、幼いころから宮廷に出入りし、大人に立ち交じって働くことで実地教育を受けてきた。例えば源氏物語でも貴族の子供たちが宮廷の中で働いている姿が描かれている。そんな宮廷教育の最後の姿を侍従職出仕は伝えているといえよう。

天皇も日常的に少年たちの教養を高める努力を怠らなかった。さりとて教育一辺倒ではなく、健康のため運動を課したり、仕事に飽きさせない工夫もしている。天皇にとって少年たちは、生徒であると同時に息子でもあるのだ。

さて、やっと拝謁にこぎつけた重臣が表御座所に入ると、そこには明治天皇ただ一人が待っていた。

〈拝謁奏上の時は、終始起立しておうけになった。軍の特命検閲使奏上などは、管下の事項を書類によって詳細御説明するため、一時間半もかかるのだが、終始起立しておられた。いろいろ御下問もあったらしく、退出して来る将軍たちは、夏でもないとき、汗びっしょりになって、非常に緊張していた〉(『宮中五十年』)

側近の回想録とも一致しているのだが、明治天皇は椅子に座ることなく御内儀と同様に常に立ち続けた。かえって相手の方が疲れてしまう具合である。

皇族が相手でも双方起立したままであったという拝謁だったが、例外的に椅子を賜った人物がいる。有栖川威仁親王、伊藤博文、山県有朋である。坊城によれば、伊藤は〈御前へ出る時普通は剣をはずして上がるのですが、あの人は吊って出てきました〉〈肘をついて気楽にお話申し上げていました〉（『明治大帝の御日常を偲び奉る』）というから別格であろう。

政治向きの拝謁のほかに、ただただ儀礼的な拝謁もある。月に一度の〈麝香ノ間祗候〉（「明治宮廷の思い出」）と呼ばれる名誉職の人々による拝謁である。

〈徳川家達公が筆頭で、名門の公侯伯が七八人、一列になつて御座所近く進んでくる。そして入側のところで一同整列して御辞儀するだけのことだが、家達公が代表で、昔なれば「麗しき竜顔を拝し奉り」とでもいうところだろうが、至極簡単で、何にか一言申し上げると、陛下は唯「はァ」というようなお答えをなさるだけで終つてしまう〉（「明治宮廷の思い出」）

徳川家達は徳川宗家当主で、世が世ならば将軍になる人物である。明治三十六年から昭和八年まで実に三十年もの間、貴族院議長として政界に重きをなした。

宮廷儀礼の主な目的は、閉じた身分社会の中で上下関係の再確認をすることだ。この拝謁は形ばかりでさして意味がないようにも思えるが、そういった意味で短時間ではあるが十二分にその意味を果たしているといえよう。

父を怖れた皇太子

様々な人々が拝謁を願う表御座所だが、毎週土曜日の午前中に決まって訪れる人がいた。皇太子、後の大正天皇である。皇太子は毎回陸軍の軍服で現れたという。明治天皇は体の弱い皇太子を常に心配しており、皇太子に決定した折には臣下と共に大宴会を催して喜んでいる。しかし侍従であった日野西資博が見るところ、皇太子にとって天皇は父親というにはあまりにも大きな存在であった。

〈東宮様の方では、御小さい時にはそれほどではなかつたやうでございますが、だんだん御成長にならせられるに従ひまして、どうも　御上が少し御恐いやうな御様子が歴々と伺はれました〉（『明治天皇の御日常』）

皇太子ならば、天皇が拝謁中以外は侍従を通さなくても直接御前に出ることができる。だが、皇太子は必ず侍従を間に入れて天皇のご機嫌を確かめ、すぐに表御座所へ入ろうとしなかったという。ぐずぐずしている間に次々と大臣たちが拝謁を申し出るために、結局皇太子は侍従候所で一時間くらい過ごすことになってしまう。

〈御前へ御出ましになりまするど、御上もいろいろ御話がございます。決して東宮様の御心配になるやうなことはないのでありますが、東宮様の方では、何か難しい事を御尋ねになるとか、仰しやりはせぬかと、しきりに御心配になつて居る御様子でございます〉（同上）

明治天皇が親心から心配のあまり言うことなすことが、時に皇太子を追い詰めていたようだ。親子水入らずの表御座所から笑い声が漏れることはなかった。

〈あいかわらず二方ともお立ちになつたままで、ポツリポツリと言葉すくなにお話になる。皇太子殿下の椅子も特別に持ち出すのだが、もちろん殿下もおかけになるわけにはゆかない〉（「明治宮廷の思い出」）

会話の弾まない父と息子、というのは普通の親子でもあることだ。世代間のギャップ、性格の違い、といった普通の親子同様の溝が二人の間にも横たわっていたのだろう。天皇と面会した皇太子は、次に皇后美子の元へ向かう。「表」と「奥」を仕切る鶏の杉戸を開くため、その後ろに侍従職出仕が従った。毎度のことながら約束の時間になってもなかなか姿を見せない皇太子に、御内儀の女官たちはジリジリしていた。

〈お杉戸の内側には二三人の女官がお待ちしていて、「まァ良う御参内になりまして……」というようなことを口々に弁舌（しゃべ）り立てる。殿下もお若いからホッとした御容子で、皇后陛下が特に卓子や椅子を取り出してお待ちになつた席へお着きになる〉（「明治宮廷の思い出」）

皇太子が面会するのはあくまでも母皇后美子であって、生母柳原愛子ではない。山川三千子によれば、皇太子の接待には年配の女官が担当したという。柳原愛子が元々明治天皇の母にあたる英照皇太后の女官であったことを思い返せば、ここでもまた同じことが繰り返される可能性はなきにしもあらずだ。以前であれば美しい宮廷物語であったことも、この時期になると事件になってしまう。近代化と宮廷の雅は相性が悪いのだ。

侍従の優雅な日常

天皇が次々と拝謁をこなす午前中の御学問所の中で、一番活気のある場所が、侍従候所と呼ばれる廊下の一角である。

〈候所は、侍従詰所なぞの建物より、床が二段ほど高くなっている表御座所の北側の廊下の一部で、そこのドアは昼間はいつも開け放しになっていた〉（「明治宮廷の思い出」）

侍従たちには専用の侍従詰所が与えられていたが、表御座所から遠いために、出御中はすぐに御用が伺えるこの場所を控え室としていた。政治的な拝謁の際に定位置を外した侍従職出仕たちが一時待機したり、皇太子が拝謁前にグズグズするのもこの場所で、また侍従武官も同居していた。侍従武官は日清戦争後に設置されたために、御学問所内に専用の部屋がなく、出御中は侍従と行動を共にしていた。

先ほども触れたが、御学問所は「奥」と同様に入側とよばれる廊下が広い。「奥」では権典侍、権掌侍らが廊下に控えていたように、「表」でも廊下が侍従たちの控える場所となっていた。西洋建築の形式をとりながら基本的な間取りが固定されておらず、空間を自在に仕切って部屋を作り出すという点は寝殿造りのままなのである。

　廊下を仕切るドアがあるのは、政治上の重要な話がもれないための配慮である。私生活の場所「奥」とはこの点で異なる。候所には椅子やテーブルが置かれ、謁見を待つ大臣や将軍たちの溜まり場ともなっていた。侍従は、煙草をすいながら彼らの時間つぶしに付き合うのだった。

　近代である「表」は「奥」と違い、身分でなく能力で役目につくことができる。ここで、侍従をはじめ御学問所で働くスタッフの仕事内容を見てみよう。

・**侍従長**（じじゅうちょう）　常に天皇に近侍する側近中の側近。首相や軍人らと天皇をつなぐ役目で、重臣の拝謁にも常に侍立した。

・**侍従**（じじゅう）　公私にわたる秘書役。侍従長の下で天皇に近侍する役目で、仕事内容は多岐にわたる。御内儀の女官と異なりその出身は公家に限られない。

・**侍従武官長**（じじゅうぶかんちょう）　侍従武官府の長。天皇の軍事的な補佐役で、中・大将クラスの高官が任じられた。
・**侍従武官**（じじゅうぶかん）　軍から侍従武官府に派遣された軍関係専門の侍従。成績優秀な若手エリートが抜擢され、数年で交代し再び軍人に戻った。
・**内大臣**（ないだいじん）　宮中において天皇を補佐する役目。
・**内大臣秘書官**　詔書、勅書などの文書業務に携わる内大臣府の役人。
・**内舎人**（うどねり）　天皇の身辺の雑用に携わる侍従の属官。
・**仕人**（つこうど）　宮廷内の雑用に従事する役目。

廷臣たちに加え、天皇との橋渡しを受け持つ侍従職出仕も重要なスタッフである。

これら御学問所の人々は大きく二つに分けることができる。一つは、侍従、内舎人、仕人といった、一生涯を宮中で終えるグループ。もう一つは、侍従武官、内大臣秘書官ら、一定期間だけ宮中に仕えるグループで、双方は協力して仕事にあたるのだ。

このような陣容のもと、長らく明治宮殿の御学問所の長を務めた人物がいた。徳大寺実則である。彼は内大臣と侍従長という重職を独占し、宮中に君臨し続けた。しかし、その人柄は実直で権力志向がなかったために多くの人の信頼を得ていた。

侍従たちの日常業務は一体どのようなものだったのだろうか。

〈たいていは用もないので、そのまま候所とよばれる彼らの控え所に引下がつて、そこで新聞を読んだり煙草をふかしたりしている〉(「明治宮廷の思い出」)

一見なんとも優雅でひまそうな仕事である。

侍従の仕事を簡単に言えば、公私にわたる秘書である。災害地や戦場などの視察を行ない報告するという天皇の目としての働きもあった。都内や地方御幸の下調べを行ない、御幸の際には必ず従う。しかも泊りがけの軍事大演習や広島の大本営内では、食事や着替えの世話など女官の代わりもする。天皇に影として寄り添い、文字通り天皇の手足となって働く人々なのである。

これに対して、侍従武官は軍事方面を担当する秘書である。しかし仕事内容に明確な線引きがあるわけではなく、実際の仕事内容は侍従と重なる部分も多い。侍従とともに宿直をこなし、軍事大演習の時には侍従と共に女官の役目もこなした。

暇なときの乗馬訓練

平時であればさすがに拝謁の数は減り、御学問所の仕事も暇になる。そんな折には、天皇は臣下たちには運動として乗馬をさせる。これは〈運動乗〉（『明治天皇の御日常』）と呼ばれていた。

天皇は全ての馬の名前や性質を把握しており、侍従たちの運動能力を考え、自ら組み合わせをアレンジする。自分の好きな馬には乗せてもらえないのだ。

時には侍従職出仕たちにも乗馬の命令が下る。少年たちにはまず練習が命じられた。先生となる侍従も指名されているという念の入れようである。坊城は十五歳になると、〈一番おとなしい、あまり動かない、安全第一の〝鬼石〟という馬に乗れ〉（『宮中五十年』）と命じられた。半年くらいおとなしい鬼石に乗り、徐々に〈も少し鋭敏〉な馬へと移っていった。天皇はまるで部活動のコーチのように、段階を踏み坊城を上達させてゆく。その配慮は坊城の服装にも及んでいた。

〈はじめて乗馬をおいいつけになったとき、ネルのシャツの下着をお出しになって、これを直して着よと下げ渡しになった。別段、乗馬ズボンというものではなく、普通のシャツであったが、大きかったので直して着られるというお考えからであった。私は、有難くいたゞいて、縫い直して、ズッと乗馬のときに着用した〉（『宮中五十年』）

まさに至れり尽くせりの指導である。園池も〈園池はどうもふにや〱していていかん、活潑になるよう馬の稽古をさせえ〉（「明治のお小姓（四）」）という明治天皇の命で乗馬を習っている。

しかし園池は夏になると、浜離宮の池で水泳にいそしみ涼んでいたという。水泳で真っ黒になった彼の顔を見て、天皇は〈園池は此頃馬に熱心と見えて真黒に日焼けして来た〉と満足そうであったという。少年らは小さいころから宮中に仕えているから、天皇の気質を熟知している。双方丸く収まっているのだ。

天皇が命じる乗馬には、〈運動乗〉のほかに〈外乗〉というものもあった。

〈例えば、乾門から市ケ谷の士官学校まで、並足で何分かゝるか、距離はどの位か、とか、参謀本部から海軍大学までは何分かゝると云うような、或は堀切の花菖蒲は今盛りか、小笠原島から献上した生覚坊の子を浜離宮の池へ放してやつた事があつたが、その後姿を見せるかどうかと云うような類であつた。これも例の通り馬は何々、随行の内舎人は誰で、その馬は何々と、いつも御指定になる〉(「明治のお小姓(四)」)

「何のために知りたいのか」などと考えてはいけない。外乗については、様々な場所へ出向いた侍従の報告で外の様子や季節の移り変わりを知るという目的もあったが、天皇から単発的にいいつけられる質問の多くは、特段「何のために」という理由はない。天皇は単純に「何分かかるか」知りたいだけで、何かを考えるための材料として必要なわけではないのだ。「何処までどの位時間がかかるのか」「何処までの距離はどの位か」は明治天皇の大好きな質問で、この後も何度も本書に登場する。

乗馬だけでなく命令には絶対服従を求めた明治天皇だが、だからといって天皇に対し暴君という思いを側近たちは持っていなかった。確かに命令といっても、ゆっくりと時間を過ごすためであったり、乗馬も健康のためだったりするので、従ったほうがよさそうなのである。その気質を理解し、感情のポイントを押さえさえすれば、明治天皇はかえって仕えやすい人物なのかもしれない。

側近の条件

さて、秘書集団として天皇に仕える侍従だが、誰もが同じ仕事をこなすわけではなく役割分担が決まっていた。

〈御剣係　米田　日野西
御道具係　北條　澤
御書籍係　北條　澤
御馬係　日根野　廣幡
戦利品係　日野西　清水谷
御服係　東園　日根野〉（『明治天皇の御日常』）

侍従武官も同様である。明治三十八年から四十年まで侍従武官であった白井二郎は、日野西とともに戦利品の係りになっており、日常は戦利品の整理にあたった。これらの係りは明治天皇が定めたものだが、必ずしも本人の適性に応じてはいなかったようだ。

〈東園侍従は古い公卿様ですから衣紋は心得てをりましたが、日根野侍従は土佐の士族で衣紋のことなど少しも知らないのですが、何かの都合で一度御つけしたことがありました。それから毎度御つけしてをりましたが、下手な衣紋で見られなかつたですが、それでも　陛下は少しも御構ひがなかつた御様子です〉（『同上』）

明治天皇は一度決めるとその者を使い続ける。特に身近な者にはその傾向が強い。侍従や侍従職出仕が代わるのを嫌がり、それゆえ少年たちは学校に復学するのにも苦労するほどだった。彼は近代日本の「適性に応じて採用する」という能力主義を表面上受け入れたようでいて、実は自分の身の回りにまで及ぼすことはなかったのだ。

では天皇は何をもって、その人物を側近にふさわしいと決めていたのだろうか。側近として認められるためには、二つの条件があった。

第一の条件は、正直な人柄である。明治天皇は要領よく立ち回る人物を嫌った。都合よく嘘をつく人物、言い訳をする人物も信用しなかった。そこで新たに側近に加わった人物に対して密かに試験をしたという。その結果自身の眼鏡に適えば、仕事の要領が悪くても長く身近に置くのだった。侍従武官で、のちに皇族と縁戚関係になった壬生基義は、それを〈人物試験〉と評している。

〈時々御時計なり或は御書物のやうなものでも、御自身が御入れになつて御置きになりまして、どうかするとひよつとそれを取りに人を御遣しになります、ずるけて居る事は無論大の御嫌ひで、正直に仰せられた通りの事を真面目にやつて居る者は別に叱られませぬけれども、少し横着な事をして目録か何かちよい〳〵調べて、さうして見付かりませぬとか、ございませぬとか云ふやうな事を能くやるものでございますが、さう云ふやうな事を非常にやかましく側近の者に御注意になつて居つたやうに思ひます〉(『談話記録集成』第六巻)

晴れて〈人物試験〉に合格した後も、正直でないとたちまち雷が落ちた。

〈胡麻化したりすることが非常にお嫌ひで、正直に御用さへ致してをりまして、曖昧の事を申上げさへしなければ宜しいので、どつちもつかぬやうな事を申上げますと「お前、何を言つて居るのや」と言つて叱られます。また器物を壊しました時は直ちに御断りを申上げますれば、それがために酷い御叱りを蒙るやうなことはあまり承りませぬ。「これから気をつけや」くらゐのことですむのでございます。それをなまじひ隠しましたり、人になすくつたり、知らぬ顔をしてをりますと、それが分りますと酷い御目玉を頂戴致します〉（『明治天皇の御日常』）

第二の条件は、「命令への絶対服従」である。天皇は側近が自分の命令を一言一句違えることなく行動することを望んだ。怠けるつもりでなく良かれと思い気を利かせることも好まず、とにかく命令通りでなければだめなのだ。

日野西は侍従の東園基愛（ひがしぞのもとよし）が叱られた例を挙げている。東園は東山御文庫へ勅使として派遣されたが、仕事をそこそこに切り上げて命令より一日二日早く東京に戻ってきた。東園は御服の用が気になっていたのだ。自分がいなければ心得のない日根野侍従が着付けをしなければならない、と気を利かせたわけである。ところがそれが天皇の逆鱗に触れ、〈何でもその晩にまた京都に逃げて行つたことがございました〉となってしまったのだ。

〈「いつまでせよ」と仰しやいましたならば、何でもそれまで御用がなくても、遊んでをりましても、その日までゐなければならぬことになつてをります〉（『明治天皇の御日常』）

東園はその後も仕え続けているから、天皇はこの件で彼を不誠実とは思わなかったようだ。しかし、これが天皇との信頼関係を築く前に起こった事件ならば確実に罷免されていたであろう。壬生基義によれば、実際に罷免された侍従職出仕もいたようだ。日野西は東園事件から学んだようで、岡山に下検分に派遣された際、五日の予定が二日で用を終えても帰らなかったという。

〈後三日間はその辺の名所を見学さして戴きまして、御用をしたやうにして帰つて来るのでありますす。恐入つたことでございますが、時間は仰しやつた通りの時間にその事に従事してゐなければならぬやうな御習慣もあつたのであります〉（『同上』）

また鮎漁を言いつけられた日野西は一番良いのを天皇のために残し、その場で残りを食べ、〈たいてい三日か四日鮎漁をして遊んで帰ります〉と、命じられた期限を有効に使っている。

我々の社会では、掲げた目標に、最短の時間・最少の労力で到着する努力が求められる。現状に満足せず、さらなる「改善」「改革」を進めることが重要なのだ。しかしこういった近代的な考えは、例によって中世的な宮廷にはなじまない。

宮廷の願いは、現在が過去と同様に素晴らしいものであり続けることである。だからこそ、過去の理想世界をつくり上げた制度は変えてはならない。身分は固定され、先祖と同じ役職につき、過去をなぞりながら生活することが求められる。効率性や合理性は、変化を求めない生活にはまったく必要ない。「改革」は、むしろ連綿と続く生活をゆるがしかねない危険なものですらあるのだ。

これからも本書のあらゆる場面で繰り返されることとなのだが、彼らの考え方は効率性や合理性に欠けている。しかしそれは無能だからではなく、彼らの社会制度にそぐわないだけなのだ。彼らは自分たちの考え方をけっして捨てない。自身の価値を裏付けているのは自らの能力でなく、その社会制度の中に生まれたという事実であることをシビアに見抜いているからである。

伝統を前に引きこもった天皇

健康のため侍従たちに乗馬をさせる天皇だが、これが自分自身のことになると乗馬どころではない。次第に散歩すらしなくなるのだ。運動不足から健康を損ない、侍医たちは運動を勧めるのだが、天皇はなかなか応じない。しかし赤坂仮御所時代には、天皇は毎日のように遠乗りを繰り返しているのだから、元々運動嫌いではないはずだ。

侍従武官であった松村龍雄によると、天皇が明治宮殿内の散歩を中止したきっかけは、ほんの小さな出来事だった。

〈前以て御眼に留らぬやうに園丁其他の者を遠ざけてある、それがどうした拍子か、二三の園丁が居りましたやうな訳で、大変恐懼した、それを御覧になりまして、俺が出ると色々問題を起す、自分さへ出なければ下に迷惑をかけない、もう廃めようと仰

せられたさうであります〉（『談話記録集成』第五巻）

女官の説明でも触れたように、宮廷では許された身分の者同士しか顔を合わせられない。つまり天皇が乗馬や散歩をするとなると、下働きのものたちは一旦仕事を中断して、その場から立ち退かなければならないのだ。仕人であった小川金男も明治天皇と直接顔を合わせたことはなかった。

〈毎日きまつた仕事としては検番がある。これは御殿の各所に一定した場所があつて、こゝに一時間交替で立つのである。この検番の場所は、宮殿の入口や車寄せその他の大切な場所で、離宮などもそうだが、廊下の曲り角には白木の柵があつて、そこには必ず無地の金屏風が置いてある。陛下がお通りになる場合には、仕人は扉の内側にかくれてしまうので、もちろん陛下は仕人の姿を御覧になることはないし、仕人もまた絶対に陛下のお姿をお見かけするようなことはないのである〉（『宮廷』）

かつての赤坂仮御所は元紀州藩邸であったために、武家屋敷の構造上、宮廷の規則を徹底できなかった。また青年期の明治天皇は規則に縛られず行動することを好み、運動も散歩も楽しんだ。しかし明治宮殿移転後、大人になった明治天皇は周囲に対する配慮から、規則に身をゆだねることになる。

彼は下働きの者が自分の前に顔を出せないような旧来の制度を改めなかった。その一方で、臣下に迷惑をかけたままで平気な人物でもなかった。かくして天皇は自分が下働きの者の側へ行かない「引きこもり」の道を選択する。それは、問題を根本的に解決するのでなく、回避することで双方を両立させるという苦肉の策である。私たちからすれば天皇がシステムを改めて、双方が顔を合わせられるようにすれば簡単に事が運ぶように思う。しかし彼は、自分の楽しみを放棄してまでこのシステムを守るのである。何度も繰り返すが、身分制度は上位者に都合よく出来ている制度ではないのだ。

午後零時半、様々な人物との拝謁をこなすなど「表」での勤務を終えた天皇は、再び少年らを従え、中世が息づく御内儀へと戻っていく。

第三章　御内儀の長い長い昼食

二人揃えど別テーブル

午後零時半、侍従職出仕を従えた天皇は御内儀へと戻った。

少年が御内儀の入り口である鶏の杉戸を開くと、「奥」の犬がしっぽを振って待ち構えている。そして、さらにその奥の鷺の杉戸のもとには、朝と同様にドレス姿の皇后美子が平伏して出迎えていた。

「表」から戻った天皇は、まず衣替えの間に入り、執務着である軍服からフロックコートへと着替えをすませる。フロックコートは赤坂仮御所時代には乗馬の時にも使用しており、天皇の感覚では普段着にあたる。侍従職出仕であった坊城俊良が見るところ、天皇はあまり身なりに気を遣うたちではなかった。

〈バンド（帯皮）代りの真田紐が、チョッキの下から見えていることがあった。全く無雑作で無頓着であった。今と違って、バンドにもいいものがなかったからかも知れないが、真田紐でキュッと締めるのがお好きだったのである〉（『宮中五十年』）

着替えを終えた天皇は、昼食のために皇后の待つ御膳の間へと向かった。朝食は別々にとった夫妻だが、昼食以後は一緒である。しかし、そこは規則にしばられた御内儀のこと、夫妻水いらずで一つのテーブルを囲むというわけにはいかない。

二人は別々のテーブルで、しかも向かい合うことすらない。

二つのテーブルは少し間を離して、L字状に置かれている。天皇の席は朝と同じく、部屋の中央に置かれた、庭が一望できる南向きのテーブルである。これに対して、皇后の席は東向きに置かれている。常設されている天皇のテーブルと異なり、皇后のテーブルは食事のたびに出し入れされる。各々のテーブルの後ろには、天皇のために二人（権典侍一人、権掌侍一人）、皇后のために一人（権掌侍）、食事係の女官が控えていた。

さて天皇夫妻が着席すると、御内儀恒例の面倒な手続きが始まることになる。

まず権典侍が「ごぜん！」と声をあげる。すると次々と「ごぜん！」ということだまが沸き起こる。部屋の外に控える権掌侍から命婦・権命婦へ、命婦らから女嬬へ、女嬬から大膳寮へ、昼食のための伝言ゲームが続いていく。身分の階段を駆け抜けた言葉が、やがて御膳に変わって戻ってくるのは朝と同じである。やがて命婦・権命婦が、御膳の間の入口まで静々と運んでくる。「奥」のルールによって、部屋の中へは入れない。御膳は権掌侍の手に渡され、やっとテーブルの上に並べられるのだ。

ここから先がまた長い。

料理は朝食の際に述べたように、大きな器に臣下の分も盛り付けられている。女官であった山川三千子によれば、天皇皇后が実際食べる分を小皿に取り分けるのだが、その取り分け方にも様々な取り決めがあり、なかなかに大変なのだという。

〈鮎、鯉、鮒などの小さいお魚は、なるべく形をこわさぬように注意しながら、すっかり骨を取って別のお皿に移して差し上げます。半熟卵なども、銀の器に入れたままナイフで上の方をそっと切り取って、白身だけは外に出してお進めするのです〉（『女官』）

すっかり準備が整うまで、夫妻は食事を前にじっと待っていなければならない。せっかくの食事も冷めてしまいそうであるが、〈お汁物も二三種あるのを、三回は温いものとお取りかえしました〉というからその点は安心だ。命婦らが頃合いを見計らってもって来る温かいものと、御膳にのっていた冷えたものとを、その都度入れ替えるのだ。これらを全て三人の女官でこなすのだから、なかなか大変である。山川は女官生活で一番苦労したこととして配膳をあげているが、まさに本音であろう。

「清浄」を尊ぶ

ところで、天皇皇后が日々使う食器はどんな装いのものだったのだろうか。贅の限りを尽くしたものを想像する人も多いだろうが、実際の茶碗や皿などは白地にブルーで十六重弁の菊の紋章を染付けしただけの、至ってシンプルな品である。二人それぞれに専用品が用意され、別のデザインで染め分けられていた。これらの食器は「大清(おおぎよ)」と呼ばれ、決して他の人は使うことができない。

料理や調味料が全て同じ模様の皿にのっているために、女官は数種類出される調味料の区別がつかず困惑することもあったようだ。かといって、私たちがやるように鼻先にもってきたり味を確かめたりなど出来るわけもないので、これもまた一苦労である。

ご飯を入れる鉢もそれぞれの専用で、表が黒、内が朱、中央には十六重弁の菊の紋の高蒔絵がついている。しゃもじ、菜箸は銀製だ。銀は毒にふれると色が変わるとされていたからだろう。箸は柳箸で食事の都度新しくする。これは私たちが今でもお正月に使用する箸と同様のものである。両方が細くなっているのは、一方を神が、もう一方を人間が共に食するという、神との共食を意味している。

このように夫妻が直接使用する品物を特別扱いするのは、清浄を尊ぶ御内儀独特の生活習慣に由来しているからだ。御内儀では日常生活のあらゆる場面で、「清」(清浄)と「次」(不浄)が厳しく区別されていた。例えば、天皇夫妻に給仕する女官は、事前に口や手を三回も洗わなければならなかった。


〈一回は普通のよごれを落すため石鹼を使い、二回目は上すすぎ、三回目はご膳手水といって、お食事を運ぶ時だけに使う別の蛇口から出る水で洗います〉(『女官』)

また給仕中、特に気をつけなければならないのは、夫妻の食器に触る手の平が自分の衣服で汚れてしまうことである。そのために女官は、常に手を軽くにぎって外向きにしていなければならなかった。このような独特な作法があるから、給仕はなかなか進まない。その間、天皇夫妻はただ黙って待っている。清浄は何にもまして大切なことなのである。

手をきれいにしておく必要があるのは、食事当番の際だけではない。下半身は人間の体の中でも「次」の場所なので、自身の手が汚れることを恐れる女官は、常に家来の手で靴下や足袋を履いていたという。畳に座りお辞儀をする時も、足で踏みつける畳で手の平を汚さないように、手の甲を畳に向け手の平を上にしておく念の入れようであった。

そして、万が一あやまって手を「汚した」ときには、徹底した洗浄が待っていた。

様々な細かい作法を守り、古今変わらぬ段取りを踏みながら、ゆるりゆるりと食事は進行する。微かに食器の触れ合う音のみが響く御膳の間に、遠くからラッパの音が聞こえてくる。午後一時半、近衛兵の交代時刻である。しかしまだまだ食事は終わらない。

見よう見真似の洋食作法

明治天皇夫妻が初めて牛乳を飲んだのは、天皇が明治四年十一月、皇后は同年十二月四日のことである。特に生来蒲柳の質であった皇后には、格好の滋養剤として勧められている。同年十二月十七日には長年続いた獣肉食の禁が解かれ、天皇皇后の食卓にも肉がのぼるなど、宮廷の食事情は急速に西欧化されていった。

明治三十五年から三十八年まで女官として明治天皇に仕えた山口正子（おさこ）によれば、天皇の昼食は洋食のことが多かった。

〈**山口**　（前略）ことにオカミがお糖尿とおきまりになりましてからね、明治天皇さんがお昼は必ずお洋食でございました。そうすとやっぱし、お洋食でございますから、お砂糖気がそうなくっておすみになるからでございましょうから。で、お昼はたいがいお洋食でございました〉（『御所ことば』）

明治後半にはすっかり宮廷に定着した洋食であるが、日常的に供されるようになったのは明治六年七月のことだ。宮廷での洋食開始に関する一番の功労者は、山口の父、西（にし）

五辻文仲である。西五辻は明治六年から七年まで内豎として明治天皇に仕え、後に貴族院議員となった人物である。ここでは少し時代を遡り、明治初期の洋食をめぐる宮中のドタバタ劇を眺めてみよう。

明治六年九月中旬、当時十四歳だった西五辻文仲は明治天皇より〈西洋料理を食ふ法を知つてゐるか〉と質問される。天皇は、西五辻の兄が大膳職にあったので、文仲も西洋料理に詳しいと思ったのだろう。

〈「別に法といつては存じませぬ」とお答へ申上げますと、「さうか、それでは誰かに教へて貰つて来い」といふお言葉でありますゝ、それから私が「それを習ひましてどう云ふことになるのでございます」「イヤまだ奥の者は誰も食つたことはないから、一遍西洋料理を食はさうと思ふ、だからお前行つて覚えて来い」「畏りました」〉（『談話記録集成』第三巻）

西五辻の人柄なのだろうか、証言には落語的な味わいがある。西五辻はすぐに兄に尋ねるのだが、実は現役大膳職の兄も〈法〉は知らなかった。つまり天皇は、西洋料理の食べ方も分からず食べさせられていたのだ。誰に尋ねても埒が明かないので、西五辻を派遣することを思いついたのだろう。

西五辻は築地精養軒の北村重威（しげたけ）に頼み込み、レッスンが始まる。北村はかつて岩倉家の家来であった関係で、西五辻とは旧知の間柄であった。名誉なこととはいえ、何も知らない西五辻を通して明治天皇に間接的に教えるのだから北村も責任重大である。

〈「さうですナ、お上は一体どう云ふ物がお好きでゐらつしやいますか」「それは食ふことを知つてゐるかとお尋になる位であるから、まだ何か（ママ）お好きか極まらない、併し一番軟くて一番旨い物を五遍でも六遍でも同じ物を食ふのでないと、こつちが覚えられない、其の積りで」〉（『同上』）

西五辻は七、八回精養軒に通い、北村からどうにかお墨付きをもらった。報告を受けた明治天皇は、西五辻に西洋料理の練習会の準備一切を命じている。会場は赤坂仮御所の御内儀三階、見晴らしのいい十二畳の部屋だ。食器、ボーイは精養軒から借り受けた。普段は菊の御紋章入りの食器のみが並ぶことを許される食卓には、精養軒と刻印されたナイフ、フォークが並んだ。天皇皇后のみは岩倉具視の欧州土産を使用したらしいが、清浄にうるさい宮廷に誰が使ったかわからない食器が並ぶのは極めて異例な事態なのである。女官たちは〈ぢゞむさい〉と嫌がったらしいが、背に腹は代えられない。

肝心の練習会だが、全員が西五辻の真似をしながら会食は進んだという。

〈よく落語の噺にあります通り伝授役がお芋を転がすと皆なが転がすやうに、それと一緒のことをしたのであります〉（『談話記録集成』第三巻）

その夜西五辻は、皇后美子から和歌を賜っている。

高楼に大御酒給はらすとて人々いとまなふつかうまつりけるを
最上川ふねにはあらぬ高殿や　のほり下りもいなとたにせぬ

見よう見真似の危なげな手つきで、ナイフ、フォークを操る人々の姿が目に浮かぶ。こうして恐る恐る始まった洋食は、練習会以降、徐々に宮中に定着していった。山口によれば、〈わたくしどももご洋食をいただくのを楽しみにいたして……〉(『御所ことば』)とのことで、女官たちもちゃっかり昼食の「おすべり」を期待するほど洋食党になっていた。

ただ、洋食のマナーも同時に「奥」に広まっていったのかといえば、そうでもない。西洋料理が振る舞われるような正式な宮中の宴会に出席できるのは、皇后美子と女官長、通訳などに限られ、それ以外の女官が西五辻の教えを発揮できる機会はあまりなかったからだ。また「おすべりのご洋食」にしても、切り分けられてから女官食堂に並ぶため、ナイフ・フォークを使う必要すらなかったのである。

突然のピクニック

天皇の普段の食事場所は御膳の間と決まっていたが、時には昼食を中庭にある小さな茶屋でとることもあった。ここは春先にはしだれ桜や牡丹の花が咲き乱れ、絶好のピクニックゾーンなのである。

天皇はこのピクニックを、いつも突然言い出した。昼食の用意を万端整えた御内儀に戻ってくるなり命令を下すのだから、全員大慌てだ。こんな時の天皇は「明治宮殿の時計」としての立場を忘れ、赤坂時代の気ままな天皇にすっかり戻っていた。

　坊城俊良によれば、小さな茶屋の前に女官たちが丸太材を立て張り出しをつくる、つまり今で言うオープンカフェを急ごしらえで設営するというから、なかなかに大仕掛けである。女官たちはねじり鉢巻の大奮闘だ。


〈今とは違って洋装といっても裾は長うございますし、それを紐ではしおって、お馬見所の隣の物置から、柱や、床机、雨障子などの入用品を荷車に乗せてお庭を押す人、引く人と、どんどんとはたらく姿は、知らぬ人からはとても想像もつかない珍妙なものでしたでしょう〉(『女官』)

　普段の食事当番の時には、天皇夫妻を待たせてまで清浄に気をつけ、そのためには足袋すら自分で履かないという女官たちが、天皇夫妻が見ている前で泥にまみれて足場を組み、椅子とテーブルを配置し、料理を運び込むというのだから理解に苦しむ。

　しかし、時として宮中ではこのように一貫性のないことが起こりうるのだ。

　宮中では天皇の「ご命令」は絶対である。それゆえ天皇自身が言い出せば、日常頑なに守られている「清と次」のルールでさえ二の次になる。もちろんピクニックという特別な「遊び」が終われば、何ごともなかったかのように全ては元に戻る。これもまた、宮中の大事な決まりごとなのだ。

天皇の突然の命令から昼食会開始までは、侍従職出仕の手を借りても一時間はかかってしまったという。それでも普段ののんびりとした女官の動作から考えれば、相当に早いのではないだろうか。

御膳の間での昼食の場合は、食事をするのは天皇皇后のみで、女官はその給仕に徹する。女官は女官で各自食事を用意するのであるが、ピクニックとなると話は別である。女官にも臨時で天皇からお弁当が下賜されるのだ。中身は海苔巻きや押寿司など簡単なものなのだが、かえって女官には人気があったようだ。

このお弁当は、大膳寮とは別雇いの料理人が作る。通常大膳寮は天皇夫妻の食事と宴会料理のみを担当し、女官ら職員の食事を用意することはない。一方の別雇いの料理人は、ご機嫌伺いに参内した人々へ昼食を賜る場合とか、反対に参内する人が女官たちへのお土産を贈る場合のための予備要員である。急な仕事に慣れた彼らが、手際よく女官のお弁当を用意するのだ。

設営に時間がかかるなど面倒なイベントではあるが、女官たちにとっては日常に変化がつき楽しかったようだ。ただし、ピクニックといえど天皇の御前なので、陪食特有の作法を守らなければならない。

〈お陪食等のご前で戴く時には手のひじを膝の上に乗せて、なかばおじぎをした様な形で戴かなければならないことになっていましたので、せっかくおいしく戴いたものも、何だか途中からさがらないような気がして、少々苦手でございました〉(『女官』)

体を締め付ける衣装をまとい、この作法を守ることはなかなか大変そうである。

ピクニックを終えると、皇后美子は庭の花を摘んだ。皇后が庭に出ることはめったにないために、天皇が健康のために勧めるのだ。手籠に花を摘みながら皇后美子は、外の空気を思い切り吸った。

決まった仕事は木曜のみ

午後二時。長い長い昼食に続き、ゆったりとした御内儀の午後が始まる。
天皇の決まった仕事は、毎週木曜日の勲記署名だけである。これは勲章と共に贈られるもので、明治時代には勲三等、功五級以上の勲記には直接天皇が署名する慣わしであった。日露戦争中盤から署名が急激に多くなり、週一回は午後の全ての時間をこの仕事にあてていた。

まず、常の御座所に署名専用の大きなテーブルが運び込まれる。これは女官たちの間で〈木曜のおテーブル〉と呼ばれていた。そして、その日の担当である掌侍、権掌侍が、古梅園特製の金色の紅花墨をゆっくりと磨りはじめる。〈そろそろとすりますので、随分ながく一時間くらいもかかりました〉(『女官』)というからご丁寧なことである。

準備が整うといよいよ明治天皇の出番だ。

〈お上がご署名を遊ばすのは、このテーブルの前にお立ちになったままなので、随分お疲れになるのではないかしら、などとも存じ上げておりました〉(『女官』)

署名を終えると、それを侍従職出仕が受け取る。明治三十三年から三十八年まで侍従職出仕であった長谷信昊（ながたにのぶひろ）は、〈乾くのが大変です。汚さないように並べるのに骨を折りました〉（『明治大帝の御日常を偲び奉る』）と述べている。署名がすっかり乾いてから整理するのは権典侍であった。署名は夕方までかかるので、シャンデリアに蠟燭をともす掌侍、権掌侍にとっては困ったことになる。

〈早くさっさと仕舞う人の時はよいのですが、いつまでもかたつけないである時は、高いシャンデリヤに灯をつける内侍たちにとっては、もしや火が飛んだり、蠟でも落ちては大変と、ずいぶん心配の種でございました〉（『女官』）

それでも掌侍、権掌侍からは権典侍に指示できないのが宮中のしきたりである。権典侍が上役であることは勿論だが、仕事が分かれている以上、他人の仕事に口出しはできないのだ。

この署名以外は、天皇が御内儀で午後にこなさなければならない仕事はない。公務が立て込んでいれば「表」に出御するわけで、御内儀にいるときは基本的に公的な仕事はないと考えてよい。

しかし、その一方で、天皇がヒマなときほど御内儀の人々は忙しくなる。先にも述べた、明治天皇の〈五分間もぢつとして成らせられなかつた〉せわしなさがはじまるからである。侍従であった日野西資博は、動き回る天皇の様子を女官から詳しく聞いている。

〈お昼御表から入御になりますと「みこし」の間に成らせられまして御召替になります。御召替中にも「午後にあの女官にかういふ事をさせよ」「あの女官にかういふ事をさせよ」といふことを御沙汰になります。それから御膳がすみまして御表に出御になりますまでに御間がございますと、御物置に成らせられましていろいろの物を御出させになりまして、古い物を御撰り分けになつて、下さる物を御撰り分けになりましたり、また各所で御買上の物を御出させになりまして御覧になつてをります。何かあそばしてをりまして、ちつともぢつとして成らせられることはなかつた。極くおまめであつたといふことを申してをりました〉（『明治天皇の御日常』）

伝統に縛られた交通ルール

明治天皇が五分とじっとしていられないのは、なにも性格のためだけではない。そこには、御内儀特有の「交通ルール」という別の要因も関係しているのだ。ここでいう交通ルールとは、臣下が天皇の前を通る際の「奥」独特の約束ごとのことである。

具体的にいうと、御内儀では、臣下が天皇の前を通る場合には、必ず一度座らなければならない。

〈女官がどんな重い物を持つてをりましても一遍自分も坐つて、そこを滑つて通らなければならぬ。さうしてから重い物を持直さなければならぬのでございます〉(『明治天皇の御日常』)

時には天皇自身がいなくとも座らなければならなかった。

〈**山川**　おしとねはお用いになりました。おしとねが敷いてあればお上がそこに居られませんでも膝をついて通らねばなりません。おでましの後は、おしとねを三つに典侍(すけ)

さんが折って置きますと、立ったまま通れました〉（『明治大帝の御日常を偲び奉る』）

おしとねとは座布団のことだ。〈滑つて通らなければ〉〈膝をついて通らねば〉は膝行とよばれる作法である。身分の高い人物の前で身をかがめて敬意を示すもので、今でも茶道の作法などに残っている。

長い裾を引くドレスや重々しい宮中の衣装を着て、いちいち立ったり座ったりはつらい。御内儀の中には基本的に高等女官と侍従職出仕の少年たちしか入れないので、彼女たちは、女性とはいえ重いものを運ばねばならないこともある。そんな時には特にこの交通ルールは堪えた。

この面倒な規則にたいして、明治天皇はある行動をとりはじめる。

〈御上はちよつと御覧になりまして、重い物を持つてここを通るなと思召になりますと、御自身からそこを御立ちになつて、御外しになつて、重い物を御辞儀をせぬでも通れるやうにあそばします。さういふ時には　御上は面倒くさいからと言うて決してぢつとして御ゐでにならずに、女官を御援けになる御つもりでずうつと席を御外しになる〉（『明治天皇の御日常』）

〈御外しになる〉のは、女官が重い物を持っている時だけではなかった。

〈たくさんのお時計は、毎日お手入れに出しますので、当番の内侍がお小座敷へ取りにまいりますと、いつもすっとお座所の方へお立ちのきになって、通る場所をあけて頂くのでございました〉（『女官』）

これはまさに、前章で触れた乗馬や散歩をしなくなった時と同様の思考パターンである。

天皇は女官たちが自分の前を通るたびに、重たい荷物を一度わざわざ置いたり、急いでいるのにその都度座るのは大変と感じていたのだろう。しかし、かといって昔から続く作法を変えることも天皇には出来なかった。なぜなら身分の差を身体動作によって表すことは、宮中儀礼の根本であるからだ。

そこで天皇は、相手が座らなくてもいいように、自ら立ち退くことにしたのである。

これこそ、御内儀で天皇があちらこちらの部屋を転々とする、〈五分間もぢつとして成らせられなかつた〉要因である。天皇は乗馬や散歩といった自らの楽しみを放棄したように、ここでは自らが転々と部屋を移ることによって問題を解決しようとした。またしても、問題を根本的に解決するのではなく回避することで、双方を両立させる苦肉の策を選んだのである。

体力づくりに励む女官たち

取り立てて仕事もなく、のどかな御内儀の午後。御学問所の仕事が暇な折には、侍従らに運動として乗馬をさせた天皇だが、実は明治初期には女官にも乗馬をさせていたことがあった。ただ一度落馬があってから勧めなくなり、その代わりに盛んに行なわれたのが、天皇が女官のために考案した〈緞通巻(だんつうまき)〉とよばれる運動である。

これは「緞通」と呼ばれる絨毯を丸めて運ぶ、という至ってシンプルなもので、時には侍従職出仕も参加していた。緞通はペルシャ絨毯に代表されるような手織りで、厚みがある豪華なものだ。しかし、目が込んでいて細かい模様があるために糸の量が多くとても重い。ここが緞通巻のポイントである。

側近奉仕者座談会で、坊城と、山川、その弟で山川が女官であったのと同時期に侍従職出仕であった久世章業（くぜふみなり）は次のように語っている。

〈**坊城**　よく女官たちをお相手に緞通巻というのをやられていたそうですが、あれはどういう訳でなさったのです。

山川　御内儀は夜なんかは女官ばかりになりますから、何かの場合に力を出す練習をしておかないと重い荷物などを持出すことができないからでございます。

坊城　当時日本では絨毯は出来なかったのですが、あれは良いものでした。私なども三人ぐらいで手伝って巻くんです。一ぺん元へ拡げてから巻締めるのですから、やはり力を出す練習ですね。

久世　女官ばかりでない、全体がよわりました。私の十一、二の時が一番猛訓練の頃でこたえましたね。絨毯をかついだまま一諸（ママ）にごろごろと転って落ちた事も何回かある〉（『明治大帝の御日常を偲び奉る』）

この運動の目的は〈力を出す練習〉とのことだが、それにしても合理的とは思えない。

非常時のことを思えば、こんな練習を積むより侍従武官などが素早く御内儀に入れるシステムを作るべきだろう。しかし御内儀の原則をあくまでも守らねばならないことは、今さら言うまでもない。

合理性などとは別世界で、力まかせに運ぶものが美しい緞通であるところは、どこか雅でいかにも宮廷の遊びめいた感じもするが、当人達はいたって真面目である。

〈**久世**　ある時、絨毯を量りのある処まで運んでおけとおっしゃったので、それを引張ってゆこうとしたんですが、重いので僅な距離でしたが二時間もかかり、汗でぐっしょりになりました。ともかく一人でやりとげて御前に出て手をついて「只今致しました」と申し上げると、お上はじっと御覧になったまま何ともおっしゃらない。汗をふいたばかりで御前にでたのですから後から後からでます。やっと「よし」とおっしゃったので下っておりましたら「久世を呼べ」とお声がかかりましたので伺候しますと御褒美にお菓子を下さいました〉（『同上』）

乗馬の時と同じように、またしても天皇のコーチぶりが発揮されている。

天皇は通常の業務以外のことを命じたり、通常以上に苦労させたと感じた場合には必ず〈御褒美〉を出している。特に女官には毎日のように〈御褒美〉があった。

〈それぞれ御用を仰せつけられます者に対しましては、一々今日は暑いから道明寺の入つた氷水をやれとか、また今日は西瓜をやれとかアイスクリームを拵へてやれとか仰せになりまして、総て御自身の御用をする者には下さつたさうでございます〉(『明治天皇の御日常』)

女官だけでなく、侍従や侍従職出仕にも〈御褒美〉はあった。品物自体はお菓子や酒など他愛のないものだが、臣下の気持ちをつかむには役立っていたようだ。

手芸で暇つぶし

体を動かすこと以外にも、午後の御内儀では天皇の思いつきでさまざまなことが行なわれた。皇后や女官に命じて手芸品を作らせるのも、その一つであろう。山川三千子は皇后美子と共に、台湾総督府や朝鮮総督府から献上されたジャボンや文旦の皮で、菓子器を作ったことがあるという。

菓子器の作り方は〈枝のついた方を少し切り取って、実を引き出し、その皮をよく蔭干しにしたものに、内側は黒塗、外は皮のままで美しい蒔絵をさせる〉（『女官』）など、なかなか手の込んだものである。

〈最初の一袋さえ出してしまえば、その後はもう楽なのですけれど、皇后宮様のお力ではなかなか抜き出せません。お手を真赤にして引張っておいでになると、「どうだ、うまく出るか」などと、お隣りのご座所からお上がご覧になっているのです〉（『女官』）

中身の果実も捨てることはなかった。

〈例へばジヤボンに致しましても、卵に致しましても、ジヤボンで御菓子器が出来ましたり、卵でコップの様な物が出来ました。さう致しましても中のジヤボンの実は御棄てにならず、その実を取つて砂糖をかけて女官に賜りましたり、卵の中の身は煮て臣下に賜りました〉（『明治天皇の御日常』）

献上した人々も、まさかこれほど徹底的に利用するとは思っていなかっただろう。このほかに端布を使った細工物も作らせている。まるで天皇を講師とした、にわか手芸教室のようである。

〈それから布片の如きもいろいろ御使ひになりました切れ端などはそのまま御棄てになりませぬ、やはり御細工物をおさせになつたり、御袱紗（ふくさ）を御作らせになりまして、さうしてそれもやはり下さつたさうでございます〉（『同上』）

出来上がった品々は女官に下賜され、実際に使われている。ただ、皇后と共にジャボンから中身を取り出した話を引きながら、山川は〈どちら様にも、よいお慰みの一つだったのだと存じます〉（『女官』）と述べているから、彼ら自身はリサイクルや倹約という考えはなく純粋に遊びとして楽しんでいたのだろう。

ところで、皇后や女官にしきりと手芸品を作らせた天皇だが、自身ではあまり作品を残してはいない。これには天皇なりの理由があった。

〈「昔から動作の人形とか、動作の何々とか、代々の天皇がお残しになったものがたくさんあるのだが、使うこともならず、捨てるわけにも行かず、後の者が困るから、わしは下手な細工など残したくはない」〉（『女官』）

手作りの品々はあるにはあったのだが、晩年に天皇自ら壊してしまったのだった。

我が物顔の天皇の愛犬

緞通巻や手芸教室をはじめ、次々と出される天皇の命令に右往左往する女官たち。そして自らもせわしなく動き回る天皇。時はゆるやかに流れつつもどこかせわしない御内儀で、唯一のんびりと過ごしている存在があった。

明治天皇の愛犬である。

犬は散歩や食事の世話も行き届き、まさに宮中の一員であった。そんな犬の中に「ボン」と呼ばれたテリア種の犬がいた。これは三宮義胤式部官長が献上した小さな犬で、普段はおとなしい頭のいい犬だったという。三宮は妻が英国人であったために、外交団からの信頼に厚く、明治社交界の要として活躍した人物である。

誰からも愛されるボンは御内儀のアイドルだったが、それゆえ侍従職出仕の少年たちは自分よりも明らかに下に位置すると思っていたようなのだ。園池と坊城は在任期間が重なっていないが、いずれも回想録の中で、ボンとの「攻防」の思い出を述べている。

侍従職出仕の「奥」での定位置は、鶏の杉戸と鷺の杉戸の間の廊下である。そこに机と椅子を置いて、少年たちは「表」と「奥」との取次ぎ役をするのだ。

「表」からの用事のある場合にはそこに設置されたベルが鳴るので、彼らは書類や伝言を受け取りに出かける。また天皇から「表」に伝えることがあるときには、石板を持ち出し天皇の元にかけつける。天皇は「表」の場合と同様に石板に自分の言葉を書かせ、字が間違っていれば直すのだった。石板の内容が完成すれば、かれらは石板を持ち出し、「表」の侍従の下へ向かう。仕事はこの繰り返しだった。

この仕事を邪魔するのがボンであった。

〈大体はおとなしいのに、私たちが御用でお傍に行って、退出しようとすると必ずワンワンほえ立てて、追っかけて来る。子供と思って犬の方から、からかっていたらしい。それが嫌なのでそおっと気づかれぬように出ようとしても、すぐ感づいて飛び出して来る。奥と表の間に大きな杉戸があったが、その杉戸をピシャリと閉めても足音が消えるまでワンワンほえていた〉(『宮中五十年』)

ボンは「奥」の犬なので「表」へ行くことはできない。自由に出入りの出来る少年たちが憎らしかったのかもしれない。園池たちは鶏の杉戸を挟んで、毎回ボンとにらみ合っていたようだ。

〈われわれが行くナと云う事をボンはいち早く察して、われわれの控えて居る卓子の側の、鷲の杉戸の辺に待機して居る。うかつに棒ちぎれでも振り廻して「キャーン」と悲鳴を挙げられたら、年下の子供にアレーと言附け口をされるようなもので手出しはならず、そこで根競べの持久戦になつたり、表へは行かないと云う素振りをして見せたり、時にはボンの油断を見すまして、廊下を駈けて杉戸を開け、飛び出しざまガタピシとあとを締めてホッとするなぞ、なかなかに骨が折れた〉(「明治のお小姓」)

明治天皇は、少年たちがどんなに困っていてもボンを叱らなかったという。ボンが吠えるだけで嚙み付いたりはしないことを分っていたからだろう。いつも笑って見ていたという。少年らにしてみれば苦々しいボンとのやりとりも、大人からみれば微笑ましい日常の一コマであった。

勝ち誇ったボンは、我がもの顔で御内儀中を走り回った。

〈時にはその姿が見えないと、それを見附けた女官が、「ボン、旦那さんが召すぜ」と云つて連れて来た。旦那さんも可笑しいが、「奥」では、主人の事は一般に旦那さん、女官が「召すぜ」と云うのも京都弁では普通の事らしかつた〉（『同上』）

語尾の「ぜ」は現在の共通語からすると違和感がある。しかし園池によれば、皇后美子から直接言われた言葉にも「ぜ」が使われていたというのだから、公家の間で使われた〈京都弁では普通〉の表現なのだろう。

さて、そんなある時、明治天皇が地方に御幸になり、ボンも少年たちもお留守番になったことがあった。

〈私たちは、平素この犬にいじめられているので、お留守の間に少しかたきをとってやろうというので、奥へ入ってゆくと、その時は尻尾を巻いてしまって、小さくなって恭順の意を表する。謝っているものをいじめもならず、止むを得ず頭を撫でてやって、この次からはほえるなよと妥協してしまうのだが、おそろしく利巧な犬だったので、陛下がお帰りになるとまた威張り出し、前よりも却ってほえ立てた〉(『宮中五十年』)

やがてボンは老衰で死ぬ。天皇の愛犬たちは〈みな原宿の尼寺に葬ってある〉(『宮廷』)ようだ。御内儀で威張りくさっていたボンが、尼寺で眠っているかと思うと可笑しい。次に飼われた犬は大人しかったという。

これでやっと少年たちは安心して仕事が出来ることになった。

こうして、御内儀の午後はゆるりゆるりと過ぎていく。

第四章　御学問所の何もない午後

けだるい午後は和歌三昧

午後三時半、天皇はフロックコートから軍服に着替えると、ゆったりと時が流れる御内儀を後にして、再び御学問所へと向かう。

侍従職出仕であった坊城俊良によると、もともと日露戦争前までは、御学問所への午後の出御はなかったという。

〈それ以前は表へは午前中だけお出ましだったが、以後は午後も出御になり、特別拝謁などがあれば夜間でももちろん出られた。日曜日にもそうだった。ずいぶん遅くなることがあって、燭台を持って行くこともしばしばであった〉(『宮中五十年』)

戦争という特殊な環境が産んだ特別な事態だったのだが、宮中では一度物事が定例化すると必要がなくなっても継続されてしまう。戦争が終わり、午後の御学問所で何ひとつ仕事がなかろうとも、天皇はとりあえず出御することになってしまった。

後に従う侍従職出仕、鷺の杉戸のもとで見送る皇后、閉められた杉戸に向かい吠える愛犬。朝の出御と見間違うかのような光景が繰り返される。天皇が表御座所に入ると、少年たちは「出御！」「出御！」と廷臣たちの部屋に天皇の到着を触れて歩く。

だが今回は、廊下には少年たちの声と軽い足音だけが響き、それにつれて部屋から出てくるはずの侍従や侍従武官たちの気配はない。それもそのはず、彼らは午前中に天皇から言い付かった任務についており、万が一の拝謁に備え数名が残っているだけなのである。ただ、「表」の愛犬だけが、少年たちの後に従い表御座所の中に入っていった。

午前中は拝謁を待つ人々であふれていた侍従候所も人影はなく、午後の御学問所は静けさに包まれていた。

君臣ともにすることもないまま、ただただだけだるい午後の時間が流れていく。

そんなひと時、明治天皇はよく和歌を詠んだ。天皇は一日に二十から三十首の和歌を詠み、生涯に九万首を超える和歌を詠んだとされる。このうちのごく一部は活字としてまとめられており、私たちも目を通すことが出来る。しかし、帝王にふさわしいものという意図を持って編まれた和歌集からは、天皇のありのままの日常生活を窺い知ることはできない。

その詠んだ数の多さからすると、天皇には名歌を作ろうという気はなく、日記代わりとして詠んでいたのだろう。それゆえか、和歌を書き付ける紙は、いらなくなった書類の袋を自分で切り開き裏返しにしたものだった。

〈**坊城**　お歌を書かれるのは内閣とか、陸軍から奏上する書類を入れた鳥の子の袋で新しい紙に書かれる事はなかった。表へお書きになると乾かして裏へもお書きになった。墨もろくにお磨りにならず先のきれた筆で、薄墨でお書きになっておられた。

園池　表御座所に出御の間はいつも立たれたまま拝謁のない時などは詠草をお書きになっていました。肉太の無雑作な御筆蹟でした。どうかしてわれわれがお側近く通るような時は、お体をこう少しくねらせて御詠草がみえないようになされたのを覚えています〉(『明治大帝の御日常を偲び奉る』)

立ったまま封筒を切り開き、立ったまま墨をすり、立ったまま和歌を書き付ける。一首書き付けると墨が乾くのを待ち、その間に次の和歌を考える。よくも疲れないものである。要するに暇つぶしに和歌を詠んでいるのだが、さすがの天皇も長く続けば飽きてくる。

〈**坊城**　表で叱られた時は、何で叱られたのかは忘れたが、一時間位「お前の祖先……」からやられたんだから長いです。御自分は叱りながらお歌を作っていらっしゃる。お歌の方が主でお叱りは退屈だったからかも知れないが、後で内舎人（原注：侍従職の属官）が何かの御用で側へきて「気の毒のように叱られていましたナ」と云いました〉（『同上』）

明治天皇は徳大寺侍従長など心許した人にしか声を荒げない。〈僕はよく叱られた〉という坊城は実はとても気に入られていたのだろうが、それにしてもとんだとばっちりである。

物に無頓着な人々

時には退屈しのぎに少年を叱りながらも、天皇は次々と和歌を裏紙に書きつけ、机の上に三つ四つ積み上げられたボール箱に入れる。これは天皇が着用していた三越製のシャツの空箱で、奏上物も和歌もこの箱の中に分類し整理されていた。

書類の袋を切り開き和歌を書き付けたり、空箱を再利用したり、天皇はずいぶん節約家のようである。このほかにも、鉛筆は持てなくなるまで使った、軍服に何度もツギをあてて古びたまま着ていたなど、明治天皇がことのほか「ご質素」であったことを物語るエピソードは尽きない。

しかしその一方で、ダイヤモンドが大好きで、宮内省から経費節減を言い渡された侍従を困らせるほど浪費家であったという話も、ことあるごとに紹介されている。一体どちらが本当の明治天皇なのだろうか。

実のところ明治天皇は、節約家でもなければ浪費家でもない。

というのは、そもそも節約や浪費といった物差しで、宮中に暮らす天皇を推し量ること自体に無理があるのだ。私たちが「お金をためる」ことを善としているからこそ、裏紙を使用することは「節約」という美徳に感じ、反対に、身を飾るだけで何ら経済効果を生まないダイヤモンドは「浪費」という悪徳に映る。だが、こういった概念が存在しない世界で暮らす人々の振る舞いを、自分たちの価値基準で評価したところで何の意味もない。

宮中の住人の話を聞いてみよう。

〈とにかく物は使へるだけ使ふといふ思召で、万事をあそばしたやうでございます。御倹約でもありませうが、また御構ひもなかつたのでございます。とにかく使へるだけは使ふといふ御考が多分おありになつたのでありませうと存じます〉(『明治天皇の御日常』)

侍従であった日野西資博によると、〈使へるだけ使ふ〉は〈御構ひなかつた〉ためとされ、〈御倹約〉とは別だというのだ。私たちの間には、「物を使えるだけ使う」＝「倹約」＝「美徳」という共通の価値観がある。しかし宮中で暮らす者にすれば、新しい品でも古い品でも、使えればそんなことはどっちでもいいのである。

実際、明治天皇は物に無頓着で執着がなかったようだ。ダイヤモンドが大好きであるにもかかわらず、そのダイヤモンドにさえ執着はない。精養軒で西洋料理のマナー修業をした西五辻文仲は、かつて明治天皇からダイヤモンドをもらったことがある。

〈陛下が藤波と西五辻そこへ坐はれとの御言葉で、両人坐りますとこれを二人の前へ投げるから前へ行つたのをひらへとの御沙汰で小さな箱で有りました。私の前へ来ましたのをひろひ上げ、中を拝見すると、ダイヤモンド宝石入の指輪で有ります〉(『談話記録集成』第三巻)

西五辻は当時十四、五歳である。そんな少年に大切にしているダイヤモンドをポンと与えているのだ。しかもその西五辻にしても、「とっても高価なものを頂きました」と思っていないからどっちもどっちだ。

〈どちらを誰にと云はずして、両人の前へ行つた方との御沙汰が何共申上様もなき公平なる大御心と存じ上げます〉(『同上』第三巻)

西五辻にとってうれしかったのはダイヤモンドそのものではなく、序列が上の藤波言忠と同列にプレゼントを受け取った事実なのである。確かに宮中のルールでは、身分に差があればプレゼントにも差がなければならないのだから、特別なお計らいだった。

そして、さらにこの上をいくのが、西五辻と一緒にダイヤモンドをもらった藤波である。藤波は明治天皇の幼友達で、その後侍従として仕え天皇に諫言できる数少ない側近中の側近として活躍した。

藤波は天皇からもらったダイヤモンドを、なんと一カ月ほどでなくしてしまったのだ。君臣の間柄が異なるとはいえ、もし武士が殿様から拝領した宝物を失くそうものなら切腹ものだ。要するに、宮中では君臣ともに物に無頓着だったのである。

あの手この手の暇つぶし

矢継ぎ早に和歌を詠んだという明治天皇でも、時には言葉が思い浮かばないこともある。そんな時には、筆を煙草に持ち替えてひと休みとなる。侍従武官として仕え、後に陸軍中将となった白井二郎によれば、銀の煙管を愛用した皇后に対して、天皇は紙巻煙草を好んだという。

〈報告を御座所で申上げますとか、或は外の事を御廊下から言上致しますときに陛下御一人で御座所に御居でになりますのを拝見致しますのに、御煙草はいつも御手に遊ばして居らせられたやうに拝見致します、口付の紙巻煙草でございます〉（『談話記録集成』第六巻）

現在は健康上の理由から煙草に対する風当たりが強いが、戦前は紳士の嗜みとして欠かせないものであった。例えば、当時の上流階級の邸宅には喫煙室と呼ばれる一室があり、贅をつくした洒落た一角になっていた。現在は東京都庭園美術館となっている旧朝香宮邸、レストランとして経営されている旧小笠原伯爵邸などが、当時の面影を今に伝えている。

フランスの香水と煙草や葉巻の混じりあった香りは、戦前の社交界には欠かせないものであったが、天皇の御座所にはまさにこの香りが漂っていた。

煙草で一息ついた天皇は、表御座所の床の間に置かれた刀掛けに向かう。

「奥」の書斎でも刀剣を並べて楽しんでいた天皇だが、「表」にはさらに多くのコレクションが飾られ、それらを一つ一つ手に取り眺めるのが日課となっていた。そのために侍従の米田、日野西が御剣係を命じられ、刀の手入れや飾り付けの入れ替えなどを担当していたほどだった。長年侍従として仕えた慈光寺仲敏(じこうじなかとし)によれば、天皇の刀への思い入れは相当なものだ。

〈随分沢山刀剣がございました、平生御学問所の御床間には御刀掛がありまして御秘蔵と申上げても宜しいのは、それを御飾りになりました、且又外に御剣棚があり御箱に入れたのもありました、さうして御剣係と云ふものがありまして、毎週二回月曜日と水曜日に御剣係が出まして御拭ひを致しました〉(『談話記録集成』第三巻)

係りに任せているとはいえ、天皇はコレクションの全てを把握していた。

〈御目録は始終御手許(おてもと)にちゃんとございます。時々御座所で御抜きになりまして御覧になつて居る。さうして物によつては今村とか竹中に、これを鑑定せよと言つて鑑定を御させになる〉(『明治天皇の御日常』)

これほど熱中していた刀剣なのだが、自身は鑑定するほどの眼力は持ち合わせていなかった。煙草にせよ刀剣コレクションにせよ、けだるい午後を過ごすための貴重な退屈しのぎだったのであろう。

睡魔と戦う少年たち

おだやかな御学問所の昼下がり、退屈なのはなにも天皇ばかりではない。侍従職出仕の少年たちも、時として睡魔との戦いとなる。

彼らは「表」も「奥」も関係なく一日中天皇に仕えるため、勤務時間は長く、しかも宿直もこなさねばならないなど、子供にとっては負担が大きい。特に「表」では、天皇は椅子に座ることがないので、少年たちも表御座所前の定位置に立ち続けていなければならない。じっと待機していると、窓の外からさやさやと心地よい葉音が耳に入る。次第にまぶたが重くなってしまうのも無理はない。

政治向きの拝謁の場合、侍従職出仕は話の内容を聞かないように定位置を離れるというルールを前に述べたが、そんな折には気の緩みからつい寝込んでしまうこともある。

園池公致は廊下の椅子に腰掛けているうちに眠ってしまい、ふと涼しい風を感じて目を覚ましたことがある。目を開けると、山県有朋が手にした書類で園池を扇いでいた。山県は、園池が自分と入れ替わりに表御座所前に戻らねばならないのを知っていて起こしてくれたのである。

しかしそのような有難い大人がいない場合、久世章業のように困ったことになる。

〈**久世**　（前略）侍従長の拝謁が長くかかって御座所の前の廊下に並んでいる椅子に仰向けに寝転んでいる内に寝てしまい、お上が出てこられるのを知らずにいて、お刀でガチャンと音をたてられ「どうした」と云われてパッと起きたことがありました〉（『明治大帝の御日常を偲び奉る』）

どうにか睡魔をやり過ごせたとしても暇なことには変わりなく、少年ゆえに今度は悪戯を思いついたり、互いにふざけあったりしはじめる。明治四十三年から四十五年まで侍従職出仕であった甘露寺方房は、当時女官であった穂穆英子に、仲間と騒いでいる現場を見られていた。

〈**甘露寺**　私は久世さんとふざけていて、どうかして私が仰向けにひっくり返った。丁度そこへお上がお通りになったので、早く立ちたいけれども立てなくてどうなるかと思った。

穂穙　その時でしたか、お廊下にならんでいる椅子を三つも四つも積んだ上に乗ったりして、甘露寺さんがつまづかれてひっくりかえったら久世さんが手を叩いてジャガ〳〵ジャン〳〵とはやしておられました〉（『明治大帝の御日常を偲び奉る』）

少年たちの父親でもありコーチでもある天皇は、そろそろ限界に達しようとしている少年たちを退屈から救い出し、それでいて何か彼らのためになることを講じる必要があった。

掃除でさえも先例第一

さて、こんなとき天皇が少年たちによく命じたのが「お掃除」である。

彼らの間には在任年数による序列があった。「お掃除」もこの序列に従い、最初は表御座所とは別の部屋での簡単な掃除からはじまり、その後古株になるに従い表御座所の掃除へとステップアップしてゆく。各部屋の掃除は毎朝内舎人が丹念におこなっているのでホコリなど溜まるはずもないのだが、少年たちを退屈させないことが目的だからホコリの有無など二の次なのだ。

初心者はまず〈皮払い〉を命じられた。

〈御学問所の二の間に、恐ろしくおおきな羆の皮、虎の皮、その他毛皮が十枚位敷き詰めてある。（中略）それを一枚一枚椽先きに持ち出して、両手で波打たせて埃を払うのである。二階の、丁度二の間の真上えの部屋にも毛皮が沢山敷いてある。階下が済むとそれも一枚づつ小脇に抱えて持つて降り、大して出もしない埃をバタ〳〵音をさせて払う〉（「明治のお小姓」）

勿論これらの毛皮も、毎朝内舎人により丹念に手入れされており、ホコリなんぞは出てこない。三十分ほどで終了した園池は、天皇に掃除終了の報告をした。園池としては一生懸命働きどんなに誉められるかと思っていたが、意外なことに明治天皇に怒られてしまう。

天皇にすれば、園池の同僚の石山は同じ仕事に一時間かかるのになぜそんなに早く終わるのだ、さぼっていたのだろう、ということになるのだ。東園侍従が効率よく仕事をこなし短期間で出張を終えたところ、天皇の逆鱗に触れたのとそっくりである。困った園池が侍従に相談したところ、侍従は〈そりやいかん、何事も先例が大切だから、その様にやらねばいかん〉と親切にアドバイスしてくれたという。園池は悟った。

〈二階の重い皮には手をつけず、豹とか、狐とか、柔くて軽いものばかり持つて降りて、わざとばたばた音高くはたくとか、同じ皮を二度も三度も持つて降りるとか、人一倍生帳面で気の小さい私も、この「要領」と「先例」を呑み込むには、左程の日数はかゝらなかつた〉(「同上」)

こうして少年たちは、仕事とは〈先例〉に従ってこなすものであることを、身を持って覚えてゆくのだ。

二の間の皮払いを卒業すると、今度は二の間の飾棚、次は三の間の御剣棚、と掃除のレベルが上がっていく。最後の最後は、表御座所の棚である。

〈御座所の、陛下のお身のまわりに置いてある飾物や、棚のお掃除などは、たいがい一日おきにするのであったが、埃は羽箒で叩き払うのに、陛下は平気でお指図をされた。お掃除の途中で拝謁があると、棚の飾物など下したままで、お会いになった〉（『宮中五十年』）

飾物が散乱する掃除途中の部屋で拝謁を賜った臣下はどう感じたのだろうか。お掃除は〈一日おきにする〉ので、別に見慣れて驚くこともなかったかもしれない。

頭を上げ話を切り出した臣下の目の前に、きらきらと光るホコリが、静かに静かに舞い降りた。

継承される宮中文化

少年たちは先例に従い「心をこめて」お掃除をするのだが、なにぶん子供のすることなので頻繁に物が壊れる。明治三十四年に侍従職出仕として仕え、後に貴族院議員となった北小路三郎も「心をこめすぎた」一人だ。

〈**北小路**　午後よく大掃除を致しました。いろいろの品物をどけてはたけばいいものを、子供でしたからその儘バタバタやるので随分不始末なことが生じた訳ですが、何のお咎めもございませんでした〉（『明治大帝の御日常を偲び奉る』）

園池も天然石製の筥（はこ）の蓋を見事真っ二つに割ってしまったが、お咎めはなかった。素直に申し出れば明治天皇は決して怒らなかった。そうはいってもこれでは、せっかく内舎人が掃除した部屋をわざわざ散らかしているようなもの。けれども天皇は何度物を壊されても懲りることなく、少年たちに掃除を命じ続けた。

そこには、退屈しのぎで終わらない、もっと別の狙いが隠されていた。

〈掛物のかけ替えなども、自らお指図になり、私たち子供にやらされた。高い脚立を足つぎにして、かけ替えたり、ゆがみを直したりさせられたが、子供心にも自然にそういうことの楽しさや、心改る思いが、沁みわたるようであった〉（『宮中五十年』）

「お掃除」は、天皇独自の教育方針の一環であった。家事の細々した仕事を伝えることで、少年たちへ宮廷に伝わるライフスタイルそのものを伝承しようとしていたのだ。宮中ではあらゆる場面でどう振る舞うべきか、あらかじめ決まっている。宮廷におけるよきライフスタイルとは、場面に応じて定められたとおりに振る舞うことである。つまりは、それが正しい生き方でもあるのだ。

坊城俊良の長男である俊民は、父親から様々な教えを受けた。

〈私の少年時代、父が私に教え込もうとしたことがある。はたきのかけかた、座敷箒の使い方、塵のぬぐい方、障子の切り張り、襖の破れの応急処置…〉（『みやび　その伝承』）

それらは、まさに侍従職出仕時代に俊良が天皇から学んだことである。各公家家庭で親から宮中での生き方を教え込まれた子息が、成長し将来宮廷を支えるようになっていく。こうした果てしない循環を繰り返しながら、宮廷文化は醸成を深めていったのだ。

〈時に家事は即文化だった。洗い張りや、格子戸の水洗いにいそしむ女の姿は美しかった。この美しいものが、明治の宮廷の奥に生きていたのだった〉(『同上』)

宮中に息づく文化は我々の想像以上に幅広く、そして奥深い。和歌や蹴鞠などはそのごくごく一部にしかすぎない。

眠気覚ましの調査活動

気だるい午後の時間から少年を救い出すための命令は、「お掃除」だけにとどまらない。

〈お上は、ときどき、私たちにお庭の木を数えて来て報告せよとお命じになった。種類別に何の木が何本と御報告せねばならないので、子供にとっては大変である。その道の専門の人たちに教えをうけ、苦心惨澹して調査したものである〉(『宮中五十年』)

庭師に直接教えてもらいながら庭を歩き回るので、自然に木の名前や生態を学び、しかも眠気も吹き飛ぶ、まさに一石二鳥の課外実習である。園池はよく松を数えさせられた。また坊城は庭に点在する釣灯籠を数えさせられているが、〈いつでも数が違うのです〉（『明治大帝の御日常を偲び奉る』）というのだから、調査といっても正確さなど関係なかったのだろう。

　そんな調査に励む少年たちを困らせたのは、無数のカラスだ。

　うっそうとした森と食堂から出されるゴミなどのご馳走のためか、御所の敷地内にカラスが増えて困っていた。そのため主猟官、侍従、侍従武官が鉄砲でカラスを撃ち落とす〈悪鳥狩〉と呼ばれる行事が、年に一度行なわれたほどである。狩りは〈朝四時頃から夕方まで一日か二日掛つて〉（『談話記録集成』第六巻）行なわれ、また誰が何羽撃ったのか細かく天皇に報告されたというから、行事といっても本格的なものだ。それぐらい群生するカラスが、少年たちの後を追ってくるのである。

　明治天皇は、少年たちにカラス退治を命じた。退治といっても大人たちのように鉄砲を使うわけにもいかない。明治三十九年から四十一年まで侍従職出仕として仕えた岡崎泰光（やすみつ）は、庭中を駆け回りながら大声をあげてカラスを追い払った。

〈**岡崎**　長い竿をかついでいってバタバタ追ってきて「追払って参りました」と申し上げるともうギャァギャァ鳴いているので「まだ鳴いているではないか」と云われます。われわれに対する御訓練だったのでしょう〉（『明治大帝の御日常を偲び奉る』）

ちょっと威嚇したぐらいでは、カラスはすぐに戻ってきてしまう。しばらくは追いかけ回さないといけないから、確かに〈御訓練〉そのものである。

〈御訓練〉でひと汗かいた後には、天皇からの〈御褒美〉が待っていた。出御している天皇のために、御内儀からおやつが運ばれてくるのだ。後年は糖尿病のため甘味をおさえたものになるが、当初は蒸し菓子や羊羹など甘党の天皇の好物が三、四種類並んだ。大量に盛られたお菓子は、食事と同様に全て天皇が食するわけではない。侍従職出仕であった壬生基義は〈毎日頂戴しました〉というのだから、最初から少年たちへの「おすべり」分も含まれていたのだろう。

自分の仕事をこなしながら、少年たちが退屈しないよう命令を与え、その後にはご褒美まで与える。その気配りが毎日続くのだから、天皇もなかなか大変である。

ゲームに興じる侍従たち

侍従職出仕が庭を走り回っているころ、御学問所の中で一番時間を持て余していたのが、万が一の拝謁に備えて待機する侍従、侍従武官たちである。天皇は彼らの存在も忘れてはいない。

御内儀では女官たちに緞通巻や様々な手芸をさせていたように、「表」でも侍従ら暇な待機要員に自ら考案した「間数」というゲームをさせた。

天皇が指定する宮殿内の道順の距離を巻尺で測るという、いたってシンプルな遊びなのだが、そこに様々なルールが課せられ一筋縄ではいかない。まずゲームに先立ち侍従職出仕が召されて、明治天皇の言うとおりに道順を書き取る。

〈陛下が「御座所の中央より左に鳳凰の間を通り、右に御廊下に出で左に曲り、再び左して西溜の間を一周し、何処其処の廊下に突当りて引返し……」と云う風にして、再び御座所へ戻つて来る。それを陛下御自身がいろいろに考案され、道順を変えたりして仰有る。私は陛下の口述されるのを袋の裏に下書きするのである〉（「明治のお小姓（二）」）

指名された侍従や侍従武官は、便箋に清書された道順を見ながら、助手の内舎人を引き連れて巻尺でその距離を測る。これだけなら簡単なのだが、ゲームを盛り上げるため〈一度読んで、書いたものを見ずにやつて見い〉とか、毎回複雑なルールが付け足される。古株の侍従ならともかく、若手の侍従武官が宮殿内を熟知しているはずもないから、まごつくことは必至なのである。

明治三十年四月から八月まで天皇が京都に還幸した際も、京都御所内で間数を繰り返していたようだ。遊び方は同じで、まず道順を示した紙を見せ、暗誦すると紙を取り上げ、記憶したとおりに巻尺で距離を測っていく。だが京都御所内の名称など、侍従武官にとっては初めて耳にする名前ばかりだから、その困惑ぶりは宮殿の比ではない。

渡された紙には例えば以下のような書付があったという。

〈渡廊を東へ行けば高遣戸、主殿司宿、女官の階、馬形の障子下の戸や、殿上、棹の間、小板敷、北に櫛形上の戸に、小蔀、東には年中行事の障子立つ、清涼殿は昼の御座に続きて夜の御殿あり、西表は鬼間、台盤所、朝餉、御手水間、御湯殿に連り北廂黒戸廊、藤壺、萩の戸、弘徽殿の南二間隣たり〉（『明治天皇の御日常』）

書付はまだまだ続くのであるが、ここまでの引用でも十分に侍従武官が目を白黒させた気持ちが分かるのではないだろうか。

指名された二人は、とにもかくにもこれら呪文のような部屋の名前を暗誦し、まずは渡廊の距離、次に高遣戸、と巻尺で順番に測りはじめる。二人が唱える距離を別の侍従武官に書き取らせながら、天皇も二人の後についていく。

しかし当然のことだが、やがて二人は道順を間違えてしまう。すると天皇は〈違ふ違ふ、罰ぢや罰ぢや〉と紙に印を書き加えたという。測る順番を変えるなどして、天皇は待機要員の侍従たちと繰り返し間数を楽しんだ。つい我々が想像してしまう酒池肉林とは百八十度違う、素朴で知的な世界がそこにはある。

こうして宮中の住人がのんびりとした時間を過ごすうちに、気がつけば御学問所の屋根に西日の差すころとなっていた。

入御は午後五時半

夕闇がせまる表御座所に、ベルギー製の蠟燭をのせた燭台が置かれはじめた。明治宮殿は全館で電気が使用できるよう設備が整っていたが、電気を嫌った天皇が、漏電から火事になる恐れがあるとの口実で蠟燭の使用を命じていた。それではあまりにも不便なために説得を重ね、儀式空間である宮殿部分では電気の使用が認められたが、御内儀と御学問所の表御座所では最後まで蠟燭を押し通した。

灯されたばかりの蠟燭に、時折目をしばたたきながら、天皇は午後五時半まで机の前から動かない。ただし一旦時刻になるやいなや、今度は用事の途中でも荷物をまとめだす。

〈柱時計が予め定められた時間をピッタリ指すや否や、和歌の上ノ句を認められ、下ノ句がまだ出来なくとも、そそくさとお手の上奏袋を畳んで、秋田の蕗の葉をぢかに叩いて染めた縮緬の袱紗に、御自身でしまい込んで〉（「明治のお小姓（二）」）

帰り支度が早いのだ。

侍従職出仕は時々入御間際になってお掃除を命じられたという。しかし始めたばかりでも、たとえ作業が途中であっても、お掃除は時間切れとなる。少年たちは部屋をそのままにして、天皇の帰り支度を手伝う。散らかったままにしておいても、後で内舎人が綺麗に片付けてくれるから構わない。

侍従職出仕は手早く、和歌の入った縮緬の袱紗や、裁可の象牙の印・角形の水晶の封印などの入った筥、鍵の入った小筥などを取りまとめる。少年たちが荷物をまとめ終えるのを見計らい、天皇は帽子をかぶり剣を手にする。帰り支度は全て整った。

一行の先頭には、年長の侍従職出仕が立つ。その手にはベルギー製の蠟燭をつけた真鍮の角灯が握られ、天皇の足元を照らしている。

天皇は荷物を抱えた少年たちの気配を後ろに確かめながら廊下へ踏み出した。

午後五時半、御内儀に通じる薄暗い細い廊下に、小さな灯をたよりに歩く一行の影が浮かび上がった。

第五章　御内儀の賑やかな夕食

気ままな入浴は夢のまた夢

午後五時半、天皇一行はけだるい午後を過ごした御学問所を後にして、御内儀へと戻った。侍従職出仕が御内儀の入り口である鶏の杉戸を静かに開くと、戸の内側には蠟燭の光で照らし出された幻想的な世界が広がっていた。女官であった山川三千子は、晩年までこの美しい光景を忘れることがなかった。

〈お部屋の内は如何にも古代の宮殿をしのばせるような、大シャンデリアが中央に下っていて、大きな蠟燭が二ダース程もついておりました。その他誰彼各自の手許にはホヤのついた燭台があり、廊下には日本紙で張った雪洞(ぼんぼり)がございまして、誠に奥床しい景色、灯のついたお部屋の内は、大理石造りのマントルピースの上にある大鏡に写し出されて、実に物珍らしく、和洋折衷の妙とでもいうのでございましょうか〉（『女官』）

日の昇っている間には、煤のために黒ずんで見えていた障子や天井の汚れも、今ではすっかり闇に消されて分からなくなり、蠟燭の光で美しく変貌した御内儀は、まさに夜のための御殿であった。

天皇は歩きながら帽子を取り、鷲の杉戸のもとで出迎える皇后美子に手渡した。一日の執務を終えた天皇は、軍服から和服へと着替えるために、そのまま衣替えの間へと向かった。その後ろを「奥」の愛犬ボンがしっぽを振りながらついていった。

やがてくつろいだ和服姿の天皇が現れる。まっすぐ向から常の御座所の机の上には、侍従職出仕が「表」から預かってきた書類が積まれていた。侍従職出仕であった園池公致によると、書類は多岐にわたっていた。

〈侍従詰所まで届いて居るその日の御礼帳——叙位叙勲の御礼その他天機奉伺等の為め、参内して東御車寄で記帳した部厚な皮表紙の帳簿や、二重橋の内側に交代で駐屯する近衛兵の当直士官の名簿、地方の新聞、中央気象台から廻って来る薄水色に印刷した地図に書き込んだ翌日の天気予報〉(「明治のお小姓(二)」)

宮殿の中の限られた場所で、限られた人々としか接することのない天皇は、これらを通して宮殿全体の動きや世間の動向を知るのである。

書類に目を落とす天皇の側には、侍従職出仕が帰宅のご挨拶をするためにじっと待っている。ころあいを見て天皇皇后にご挨拶を済ませた少年たちの手に、お菓子の包みが渡される。お土産を手にした少年たちは、宿直の仲間を残し家路についた。

仕事を終え夕食までに時間があれば、ひと風呂浴びてさっぱりしたいという気持ちにもなるだろう。しかし様々なルールに縛られた御内儀では、当然気ままなバスタイムを過ごすというわけには行かない。そもそも、御内儀の風呂はいつでも入れるように準備されているわけではない。天皇が「入りたい」と言い出してから、おもむろに準備が始まるのだ。

天皇の居住区には、専用のバスルーム「御湯殿」がある(注:十六、十七頁の図参照)。

御湯殿は、八畳敷きの脱衣スペースと、ほぼ同じ大きさの風呂スペースの二つに分かれ、私たちが考える風呂場とは色々な面で違っていた。

さて天皇が風呂と言い出すと、まずはお湯の準備である。風呂スペースには、真ん中に檜で出来た円形の湯船がぽつんと一つ置いてあるだけで、蛇口もなければ、湯を沸かす仕組みも見当たらない。仕人であった小川金男によれば、お湯は別の場所から御湯殿まで運ばれたという。

〈この御湯殿の準備は輿丁の役目であるが、輿丁は別の場所に備えてある釜で湯を沸かしておいて、手桶にくんで御湯殿に運ぶのであるが、その時には白袖の着物に白の袴をはくことになつている。手桶に汲んで運んだ湯はもちろん湯舟へ入れるわけであるが、その外にも沢山の手桶に熱湯を汲んで御湯殿におき、陛下が湯をおうめになるときの用意をしておくのである〉(『宮廷』)

輿丁は別名八瀬童子とも呼ばれ、神事の際に天皇の駕籠をかつぐ役目の京都八瀬村出身の者たちである。彼らは後醍醐天皇が吉野落ちをした際にお世話をしたという。その功績により代々宮中に召し抱えられることになったが、普段の駕籠をかつぐ用がないときはこのような下働きもこなしていた。

「奥」のルールにより、輿丁は湯を運ぶところまでで、湯船にお湯を入れるのは命婦・権命婦の役目である。命婦らが湯加減を調整しながら湯を張り、準備が整うと当日の係りの権典侍、掌侍・権掌侍らに連絡をする。これで下準備は整った。

天皇の体を洗う三人の女官

御湯殿に向かう天皇を先導するのは、燭台を手にした年配の掌侍・権掌侍。ひときわ背の高い天皇を挟み、その後ろには権典侍とやはり年配の命婦・権命婦が従う。

八畳敷きの脱衣スペースは真ん中の二畳が一段高く、その畳だけが羽二重の高麗縁と豪華な縁取りになっている。天皇はその上に立ち、一段低い畳から女官たちが脱衣の手伝いをする。こうして三人の女官と、裸になった天皇は風呂へと向かい、いよいよ入浴となるのだが、ここから先がまた面倒なのだ。

御内儀では日常生活のあらゆる場面で、「清」(清浄)と「次」(不浄)が厳しく区別され、それゆえ配膳の際に女官はいろいろな決まりを守らねばならないことは前に述べた。

入浴に関しても、それは同じだ。

例えば、天皇の体を洗うにしても、「清」である上半身は権典侍や掌侍・権掌侍が、「次」にあたる下半身は命婦・権命婦と、女官の身分により厳格に担当が分けられている。天皇は神聖な存在ゆえに、全身が「清」なのかと思いきや意外である。

また湯船のお湯の量は少な目で、浸かるのは下半身のみ。今で言う半身浴である。なぜそのような入り方をするかといえば、なみなみと張ったお湯に肩まで浸かってしまうと、「次」の下半身が触れたお湯によって、「清」の上半身が汚れてしまうからだ。

侍従であった日野西資博は軍事大演習の際、女官の代わりに入浴の世話をしている。

〈御湯を召して居られます間は後ろに廻つて、御手拭で御背中に御湯をかけるのでございます〉（『明治天皇の御日常』）

これは天皇が自ら指示した、いわば天皇直伝の風呂の入り方なので、御内儀でも同様に入浴していたと考えてよいだろう。このように、湯船とは別の新しいお湯を上半身にかけることで、「清と次」の問題はうまく解決する。あまりにも面倒なのだが、疲れを癒すための入浴ではなく、あくまでも身を清めることが重要なのだから仕方がない。山川によれば、入浴の最後には〈たくさんのお掛り湯を上げて〉いたという。とにかく徹底的に清めなければならないのだ。

入浴のルールでとりわけ特殊なのは、湯船から上がり、からだを拭く際の方法である。「清と次」のルールに従えば、湯上りに一枚の手ぬぐいで全身を拭いてしまうと、上半身まで汚れてしまい、最初から洗い直さねばならなくなってしまう。それを防ぐために、御内儀ならではの方法が考え出されていた。

〈白麻の二枚かさなったお浴衣を（原注：縫目を内に入れて合せるので裏表のない袷のようなもの）いま一人お供している、権典侍または内侍（注：掌侍、権掌侍のこと）が、お肩からかけますと、それでおふきになるのです〉（『女官』）

この特殊な浴衣は、縫目が玉体に触れないよう特別に作られたもので、体を拭くためだけに使われる。今でいうバスローブのように、身にまとえば体中の水分を拭き取ることができ、手ぬぐいを使った際に生じる問題も解決できる。女官たちもこの浴衣を使っていたが、天皇皇后には毎回新品が用意された。

ただ普段は人気がない御湯殿で作法に従って悠長に体を拭いていると、冬などはすっかり湯冷めしてしまう。また規則ばかりでくつろげないためか、天皇はあまり風呂が好きではなかった。


〈御内儀では冬は殆ど御湯を召さなかつたさうでございます。御拝がございます時は別でございますが、それ以外には召しませぬ。御湯は夏ばかりであつたさうでございます〉（『明治天皇の御日常』）

だからといって天皇が不潔だったわけではないだろう。

朝と晩に上半身を清め、生母中山慶子（よしこ）の勧めで裾湯も欠かさなかったという。また汗をかく季節には日に何度も下着を取替え、寝具や寝巻きは頻繁に新品が用意される。それ以前に、身の回りのあらゆることは臣下が整え、自身は運動もせず、宮殿のごく限られたスペースを移動するだけの生活だから、それほど汚れることがないのだ。

このような徹底した清浄に守られた天皇だからこそ、頻繁に入浴する必要はなかったともいえよう。

皇后の入浴に関しては詳しい記載が見つからず、時間帯などははっきりとは分からない。入浴後の身支度に長時間かかること、夜の御内儀での予定などを考えると、天皇が「表」へ出御中に入浴したのではないだろうか。皇后の入浴も天皇とまったく同じ間取りの湯殿で、まったく同様の方法だが、お付の女官からは権典侍がはずされ、権掌侍二名、命婦ら一名がお世話をした。

トイレにプライバシーはなし

お風呂と並ぶもう一つのプライベートスペースといえばトイレだが、その様子はどうだったのだろうか。大正天皇に侍従として仕えた河鰭實英(かわばたさねひで)によれば、御内儀のトイレは「おとう」と呼ばれていた。

〈これは禅宗の方からきたもので、禅宗の寺院でお手洗を東司(とうす)といいます。御所においてもやはり図面を見ると東司と書いてあります。なぜ「トウス」というかといえば、東の方を支配するところの烏芻沙摩明王(うすさまみょうおう)という仏様がそこに祭ってあるからです〉

（『宮廷の生活』）

神道の総本山であるはずの宮廷に、仏教の影が案外残っていることは興味深い。

「おとう」は風呂と同様、天皇皇后それぞれの居住区にあった。幕末の宮廷に仕えた下橋敬長（しもはしゆきおさ）の講演録『幕末の宮廷』によれば、江戸時代には御差（おさし）という、天皇の「おとう」にお供しお世話する役目専門の女官がいたというが、明治の官制改革により廃止となってしまった。

それに代わって明治宮殿時代にお供したのは、御内儀では女官二名、御学問所では侍従職出仕である。また皇后の場合にも女官二名が従った。おとうには夏には氷、冬には火鉢が置かれ、いつ使っても構わないよう常に清浄に保たれていた。

ところで「おとう」はトイレ全体をさす言葉であるとともに、便器自体をさす言葉でもある。

〈上部が二尺と四尺位の長方形で、高さは二尺ばかり、底は美濃紙三枚の広さの上拡がりになつた黒の塗箱である。この箱の底にモミガラを敷いて、その上に美濃紙を重ねて置くのである〉（『宮廷』）

箱は使用するたびに取り出され、新しい物と替えられた。その後の便器の始末にも、宮中らしく様々なルールがあった。

〈御厠を曳く（注：便器の後始末をすること）のは、表御座所は輿丁の役目であるが、御常御殿は皇后宮職の仕人の役目である。陛下が御用便を済まされると、たゞちに奥の女官からその旨が伝えられる。そこで掛りの仕人が小使一名を連れて御厠場に赴いて御厠を曳くと、御厠は小使に持たせて侍医寮に行つて検分を受ける。検分がおわると再び御厠を小使に持たせて、紅葉山に行く途中の道灌堀の脇の何丈も深さのある堀のなかに捨てる〉（『同上』）

侍医による検査は天皇皇后の健康状態を知る上でとても重要であり、そこにプライバシーの入り込む余地はなかった。

二十種類の品が並ぶ食卓

午後七時、御膳の間に天皇皇后が揃うと夕食がはじまる。食事を告げる伝言ゲーム、テーブルの配置、配膳にあたる女官のシステムなど、すべて昼食と同様である。

ただし食膳に並ぶ品数は昼食と異なり多めで、二十種類くらいあったという。献立は、〈鱚（きす）のつけ焼、鯔（ぼら）の輪切りにした薄味の煮付、牛蒡の煮付け、茄子の丸煮、たまには鰻巻きなぞ〉（『明治のお小姓』）といった具合で、ごく庶民的な料理が並んでいたようだ。

〈お上はどちらかといえば、濃厚な方をお好みになりましたので、同じお魚を差し上げるにしても、つけ焼とか、煮付けで、皇后宮様は塩焼や、お刺身、またはからすみなどといった物がお好きでございました〉（『女官』）

こってり味を好む天皇と、さっぱり味を好む皇后。食の好みが違う二人に対して、大膳寮はそれぞれにあう調理法を工夫していた。

そんな夕食の中で、明治天皇にとって一番の楽しみはなんといっても晩酌である。若いころには毎晩臣下と浴びるほど酒を飲んでいた天皇だが、後年には皇后や女官を相手に定量を嗜むようになった。その上侍医の勧めで酒量を制限され、葡萄酒党へと転向させられていた。ただそうはいっても、最初の一杯は昔から好きな日本酒であった。

〈御夜食の時には必ず鶏酒を一杯さし上げるのです。季節によっては鴨酒をさし上げます。これは鶏肉または鴨肉に塩を振つて軽くあぶつたのを御茶碗に入れて上から熱燗の御酒を入れてふたをしてさし上げるのです。ところが後には御養生の為といふので、だんだん中の肉を多くして御酒の量を減らしてさし上げました〉(『明治天皇の御日常』)

鶏酒とは、ヒレ酒の中身を鶏肉にかえたものである。本来はごく薄い炙った肉片からほんのりと染み出す脂が酒を美味しくするのだろうが、日野西によれば酒と具のバランスは逆転し、まさに酒蒸しを食べているような具合だったようだ。

明治天皇が一番好んだ酒はシャンパンだが、足をとられるまで飲みすぎてしまうために、周囲は極力飲ませないようにしていた。

〈「ブラン」とか「ウヰスキー」とかいふやうな、少し辛い酒は殆ど召上らなかつたやうに私は存じます。日本酒・葡萄酒・「シヤンペン」・「ベルモット」、あるひは保命酒・霰酒(あられざけ)のやうなものが御好きで、保命酒・霰酒は奈良・岡山に出張しまする時には特に御沙汰で御買上げになる。さうしてそれは御自身の御手近に御置きになつて時々ちよいちよい召上る〉(『同上』)

毎日欠かさなかった晩酌だが、酒の肴はのん兵衛のそれとは少々異なる。

〈酒飲みの好むやうな物は一向召上らなかつたやうであります。御嫌ひな物を先づ申しますと、刺身、これは絶対に召上らなかつた。酢の物・漬物・果物の大部分、これくらゐは殆ど召上らぬと申して宜しいと思ひます〉(『同上』)

逆に天皇の好物といえば、魚、特に魚の卵、鳥、京野菜、アスパラガス、そして菓子である。天皇の酒に対する持論は、〈牡丹餅で酒を飲むやうな者でなければ本当の酒飲みではない〉というもので、俗に言う、辛党、甘党の両刀遣いだったのだ。

女官の食事事情

朝食や昼食と同じように、この夕食も大きな器にかなりの量が盛り付けられる。夕食は、天皇夫妻の分、女官へ分け与える「おすべり」分以外に、「表」の宿直の分まで盛ってあるので一皿の量は朝昼以上になるのだ。

〈大きなものでは、眼の下一尺余の鯛の焼いたのや、おうどんや、そうめんなどと一しょに煮たのなどもあり、何もかもたくさんで、鮎などもお一方様に十五尾くらい付けてありました〉(『女官』)

女官が面倒な作法に従い天皇夫妻の分を小皿に取り分けると、天皇は次々と「おすべり」の指示を出していく。お酒の入るごとに天皇はますます陽気になり、夕食の席は常に笑いにつつまれていた。また宮廷のいたるところで、「おすべり」を囲んでの臣下たちの宴会もたけなわであった。

ところで「おすべり」とは、そもそも天皇から臣下へ思いやりの気持ちを直接伝えるものであったが、女官にとってはそれ以上の意味を持っていた。そこには彼女たちの切実な経済事情が絡んでいる。

女官の勤務は三交代制で、食事は勤務の合間に各自時間を見計らって女官食堂でとる。食堂という響きから社員食堂を想像する方も多いだろうが、そこは食事をするための単なる休憩所のような場所であって、そこに調理人がいるわけではない。

では女官の食事の支度はどうなっていたかといえば、それぞれが在籍する局ごとに調理されたものが、侍女らによって食堂に運ばれていた。つまり、局の財政事情次第で、料理の内容や質は豪華にも質素にもなるのだ。

例えば山川三千子の局を例に見てみよう。山川の局には山川、柳原愛子、日野西薫子の三人の女官と九人の家来が在籍し、その九人の家来の給料、食費のうち六人分を柳原が、三人分を日野西と山川が分担することになっていた。女官三人はともに由緒正しい公家の出身であるのだが、実家は決して豊かなわけではない。

それにもかかわらず、女官は実にお金がかかる役職なのだ。例えば洋装（ドレス、バッグ、靴）などは、今と違って当時は恐ろしく高価なのだが、衣装はすべて自腹である。また季節ごとに御内儀中にお中元やお歳暮を贈らねばならないし、様々な交際費も必要だ。官吏としてのお給料でこれら全てを賄うのは相当な負担ゆえ、おのずと食事には十分にお金が廻らなくなってしまう。

幼い子供の侍従職出仕からでさえ、宮中では月給二十円の中から毎回十銭の昼食代を徴収している。後に掌典長から明治神宮宮司となった甘露寺受長によれば、そもそも侍従職出仕という仕事は〈明治さまが公卿華族の貧乏を助けてやろうと〉した〈ていのいいアルバイト〉(『天皇さま』)であった。にもかかわらず、子供からでも取るべきものは取り上げているのだから厳しい。

「おすべり」とはこのようなシビアな宮中の財政事情の中で、物資面で臣下を救うありがたいシステムだったのである。

〈しかしこのお局はだいぶ質素でございましたので、出勤した当座などは食事はいささか困りましたが、御配膳に出るようになってからは、お料理を戴きますのでたいへんたすかりました〉(『女官』)

誰もがありがたく頂いた「おすべり」だが、唯一好物でないと見向きもしなかった不届き者がいた。天皇の愛犬ボンである。

〈女官が箸で摘まんで差し出す牛肉のころ煮や、御飯の塊りなぞ見向きもせず、横を向いてしまつて居た〉（「明治のお小姓」）

罰ゲームも伝統行事

さて笑い声の絶えない天皇の食卓だが、なぜか毎日ほぼ同じ時刻に一同が必ず押し黙る機会があった。それは御膳の間の前の廊下に置かれた三つの雪洞の蠟燭の芯を、女官が切る瞬間である。女官であった穂穙英子は、その役目がとても嫌だった。

〈御膳の御最中に若しも其の御燭が消へますと昔からの御云ひ伝へにて御燭に張つてございます紙をたたき乍ら三辺廻り何か芸を御覧に入れなければなりません〉（『昭憲皇太后御坤徳録』）

御内儀では芯まで燃えるベルギー製の西洋蠟燭を使用していたのだが、この雪洞だけは芯が燃え残る日本蠟燭を使用していた。そのため、時おり燃え残った芯を切らなければ、蠟燭の火が消えてしまう。

つまり、「食事の最中に蠟燭の火が消えたら、係りの者が芸をしなければならない」という罰ゲームの伝統を守るために、わざわざ手入れの面倒な日本蠟燭を残したということなのだ。なんとも悠長な話であるが、「伝統」を守るためだから仕方がない。

火の消えるのを今か今かと楽しみに見つめる天皇と、芸などしてなるものかと息を凝らし慎重に芯を切る女官。夕食時にはかかせない伝統の一戦である。やがて首尾よく火を消すこともなく芯を切り終えた女官が御前を去る。すると部屋の中には一時の沈黙を破るように、天皇の〈御笑声が高らかに〉響き渡ったという。

このように明治天皇は女官をからかうことが大好きだった。若き日の天皇を思い出すと、侍従職出仕であった西五辻文仲の口元は自然とほころんだ。

〈灯を消して女官をお困らせになることがお好きで、御機嫌のお宜しいときになると大騒ぎです、以前は高い、これ位の燭台に硝子のホヤが嵌つて蠟燭が立てゝありまして、電気もランプもなかつたのです、それをこちらをつけるとあちらをお消しになる、

つけたり消したりキヤツキヤツ云つて大騒ぎです〉(『談話記録集成』第三巻)

大人になってからはさすがに蠟燭の灯りを消しまわることはなかったようだが、それでもたまには赤坂時代の気ままでお茶目な天皇に戻ったりもした。

ある晩、皇后の食膳の牡蠣からごく小さい真珠が出たことがあった。些細なことでも縁起をかつぐ宮廷である。おめでたいこととして女官たちが大げさに騒ぎ立てる様子が、負けず嫌いの天皇に火をつけてしまった。

日ならずして地方から見事な大牡蠣ばかりが侍従職に届けられた。天皇が取り寄せたのだ。そして御内儀で、一大真珠調べが始まった。

〈大盆にあけた牡蠣はそのまま御前に持ち出され、入側の端で、女官が一ッ一ッ牡蠣の身を取り出して、指先きで丹念につぶして改めた〉(『明治宮廷の思い出』)

しかし、最後の一個まで調べても真珠は出てこない。仕方がないので天皇は〈牡蠣の殻の内側に、真珠まがいのふくらんだもののあるのを数個見出し〉、その部分を切り取らせた。負けを認めない天皇は〈真珠まがい〉を手にして、〈この貝は大分もよおしている〉と言い大笑いしたという。

見事な大牡蠣をもてあそび、挙句に食べないまま捨ててしまうのだから随分もったいない話である。天皇は前にも述べたように倹約家でも浪費家でもない。純粋に遊びとして、真珠探しを楽しんでいるだけなのである。天皇につられて笑った女官の間では、「もよおす」という言葉がしばらく流行ったのだという。

他愛もないことを皆で楽しみながら、団欒の時間はゆっくりと過ぎていく。

食後のお遊びはまだまだ続く

午後九時半、長い夕食はやっとお開きとなった。

続いて、当日の係りの女官によって、短くなってきた御内儀中の蠟燭の総入れ替えがはじまる。「奥」のルールにより、天皇夫妻のお目に止まる箇所は全て掌侍・権掌侍の担当であった。女官たちが一番気を遣うのは、高い踏み台にのぼってシャンデリアの蠟燭を替える時である。結果的に天皇夫妻を見下ろすことになってしまうので、「高いところから恐れ入ります」という意味で、まず女官たちは「高見恐れ入ります」と挨拶し台にのぼるのだった。

新しい蠟燭が次々と燃え上がるころ、食後のお遊びが始まった。

天皇は、蓄音器で琵琶歌のレコードを聞くのが大好きだった。たまに気が向けば口ずさむこともあったという。侍従職出仕であった坊城俊良は、天皇がほろ酔い気分で歌うのを聞いている。

〈夜の、おひまで御機嫌のいい時には、大きなお声で琵琶歌を歌っておられることがあった。お若い頃に西周一（記憶明確ならず）とかいう人に、お習いになったということで、声張りあげて堂々とお歌いになるのだが、決してお上手とは思えなかった〉

（『宮中五十年』）（注：西周一は西幸吉の誤り）

天皇自身も自分が音痴であることを気にしていたのか、決して「表」で歌うことはなかった。ただ、地方御幸中には歌ってしまうこともあったようで、内容は謡曲、琵琶歌、軍歌など、そのレパートリーは結構広い。歌うといっても、なにせ負けず嫌いの天皇のこと。下手の横好きなどと侍従たちに言われないように、「侍従澤宣元に教える」という口実をもうけて、「しかたなく歌っています」というポーズをとるのだった。

〈さういふ場合に私どもがちよつと顔を出しまするとく直ぐ御止めになるので、さういふ時に御からかひ申しまして、「何だか大きな御声が聴えましたが」と申しまするとく、「いや何も言つてをらない。あれは澤だらう」「どうも澤の声ではございませぬやうでございました」と申上げまするとく御笑ひになつてゐる〉(『明治天皇の御日常』)

天皇は言い訳をしながら、その割には日野西らが立ち去ると再び大声で歌うのだった。「歌うこと」と「からかわれること」、その両方を楽しんでいたのだろう。

一通りレコードを聞き終えると、今度は楽器の演奏ということになる。

王朝文学では、天皇を中心に美しい公達が管弦を楽しむ場面がたくさん登場する。それゆえ、明治宮殿でもさぞや昔から伝わる名器で雅な夕べを送ったのだろうと、ついつい想像してしまう。

しかし、明治の御内儀で演奏されていたのは、女官が手作りした素人楽器で、お世辞にも名器などとは言えない代物であった。天皇は暇なとき、思いつきで女官たちに手芸品を作らせていたが、それと同様に楽器までも作らせていたのだ。

〈（前略）琵琶は、陛下が自ら指図され、女官が大工道具を持ち出して、厚い板を琵琶の形に刳り抜き、勘処を押えるとつてをつけ、竹のツルツルした皮の部分を名刺位に切つて、それを薄く削つて貼りつけ、兎も角琵琶の形が出来上がる〉（「明治のお小姓（四）」）

いつもの如く天皇の指導は熱心を極め、難しい箇所は内匠寮の大工の手を借りて完成させた。しかし所詮は素人の工作、美しい音色どころか音自体が出ないような「楽器」だった。ところが天皇はまったく懲りることなく、笛まで作らせているのだ。

そして、いよいよ手作り管弦の演奏が始まる。

〈若菜ノ内侍と云う（中略）女官が、薩摩琵琶ならこうだとばかり、いゝ加減な文句を出まかせに語りながら、口三味線ならぬジャラジャラン、ジャラジャランと云う騒ぎである。

「笛」も同様女手で竹に穴を明けて作ったものだが、滅多に音の出た試めしはなく、たまにピーとでも鳴ろうものなら大変な手柄となる〉（「明治のお小姓（四）」）

優雅な音色に包まれ物思いにふける、といった情景からはほど遠そうだ。幻想的な光に包まれた宮中の中で、女官たちが小学生さながらに音のでない琵琶や笛を声で補いながら遊ぶ姿は想像するだけでも可笑しいが、本人たちはいたって本気なのである。これらの演奏は、〈よくもこうまで毎晩続けられるものだと感心する〉（『同上』）ほど熱心に続けられたのだった。

こうして不思議な音色を皇居の森に響かせながら、御内儀の夜はのんびりと更けてゆくのである。

第六章　眠りにつく宮殿

天皇は一晩に二度眠る

午後十時前、御内儀一同が手作り楽器の管弦楽に興じていたところ、宮内省では宿直が最後の見回りに追われていた。宮内省は、御学問所と宮殿を間にはさんで、御内儀の反対側に位置する。さすがに御内儀とは違って全館電気を使用しているが、冬場には暖炉に薪をくべて暖をとっていたために、火の元の確認は念入りにしなければならなかった。

天皇のお目覚め「おひる」の伝達によって始まった明治宮殿各部署の一日は、当然天皇の就寝である「御格子」を合図に終えることになる。ただ、いつも一定だった「おひる」の時間とは異なり、「御格子」の時間は日によってまちまちだった。

天皇という宮中時計が狂えば、各部署の仕事の段取りもおかしくなってしまう。宮殿全体が混乱するような大変な事態のはずだが、宮殿内では特に問題にもなっていない。

仕人であった小川金男によれば、混乱を回避する上手な抜け道が用意されていたという。

〈「御格子」には「表御格子」と「奥御格子」の二つがあつて、表御格子は当直の宮内書記官から発令されて、仕人が「表御格子」とふれて歩く。この表御格子で当直宮内官が寝るのであるが、時刻は十時である。奥御格子というのは、実際に陛下がお寝みになつた時刻で、この時刻には側近者のみが起きているから、皇后宮職から発令されて、やはり「奥御格子」と仕人がふれて廻る〉(『宮廷』)

これは、天皇が臣下へ迷惑をかけぬよう乗馬や散歩をしなくなったり、女官に配慮して部屋を転々とするのと同じパターンだ。宮中に連綿と続く従来の制度を変えることなく、自らが問題を回避することで双方を両立させるのだ。今回は二つの「御格子」を使い分けることで、天皇に直接仕える部署以外は、毎日きちんときまった時間に仕事を終えることができた。

午後十時、宮内書記官が「表御格子」を発令。

明治宮殿の多くの部署は仕事を終えて眠りについた。

午後十一時、侍従や侍従武官は「表御格子」の後も、いまだ終わらない夜をすごしていた。彼らは実際の御格子まで眠ることは出来ないのだが、かといってこんな夜中ではするべき仕事もない。御学問所の侍従詰所に顔を揃え、ただただ時間が過ぎ行くのを待つしかなかった。

思いつきの御下問

しかしこうした仕事のない暇なときほど、臣下に様々なことを命令するのが明治天皇である。昼間は乗馬や間数というゲームをさせた天皇だが、夜は夜で思いつきの質問を連発し周囲を慌てさせるのだ。

明治四十一年から崩御まで侍従武官であった陸軍少将上田兵吉（ひょうきち）によれば、御内儀に残っている侍従職出仕の少年を通じてのご質問の内容は、例えば次のようなものであった。

〈夜分に品川の方で海軍の大砲の音が聞えることがあります、さう致しますと、それに付ての御下問がございます、あれは何処で何の為にやつて居るのかと〉（『談話記録

集成』第六巻）

思いつきの質問だから、侍従武官たちも即答など出来るはずがない。それならばと海軍省に問い合わせても、本部で全ての演習を把握しているわけではない。しかも上田によれば、ご質問があるのは〈大抵夜分遅く御格子になります前〉であったから、担当者が省内に残っている可能性は低い。それゆえ運の悪い可哀そうな海軍省の宿直は、答えを求めてあちこち電話をかけまくるなど大騒ぎしなければならなかった。

数々のご質問の中には、例によってその意図をはかりかねるものもあった。

〈陸軍の連隊長の名前でございます、これが突然の御話でございます、例へば小倉の第十二師団の何連隊の連隊長は誰がやつて居るかと云ふやうな御下問がございます〉（『同上』）

もちろん侍従武官ともなれば、陸軍の名簿ぐらいは持っている。だが所属連隊から他機関への出向も多く、その情報が最新のものとは限らない。また天皇は新たに側近に加わった人物の人柄を知るために、名簿が間違っていることを知りながら、わざと質問し試すようなところがあった。このため手元にある名簿を鵜呑みにせず、その都度陸軍省へ問い合わせなければならないのだ。

御内儀に公私はない

ご質問の中で一番多かったのは、天皇の大好きな「何処までどのくらい時間がかかるのか」、「何処までの距離はどのくらいか」という類のものである。侍従武官であった松村龍雄もよくそんなご質問を受けた。

〈何処から何処迄の距離は何浬あるか、又何処から何処迄を何艦で往けば何日掛るか、又何艦の乗組員はどの位居るかと云ふやうな御下問でございます〉(『談話記録集成』第五巻)

「なぜ知りたいのか」と質問の背景を忖度(そんたく)しても無意味だろう。天皇はただ単純に、距離や時間そのものを知りたいだけなのだ。侍従ら側近はそのことを知り抜いているからいいのだが、真夜中に突然問い合わせを受けた側にすれば不可解極まりない。「なぜ陛下はそのことをお調べなのでしょうか」と聞いても、「理由は特段ありません」では納得はできない。侍従武官たちはさぞ困ったに違いない。

このように侍従武官たちはその悪戦苦闘ぶりを語るのだが、同僚の侍従から苦労話は聞こえてこない。夜分の質問の多くはむしろ侍従たちに対してだったはずだが、これはどうしたことなのだろうか。

天皇の生活には公私の境はない。その天皇に仕える侍従たちも、公私の別をつけず一生涯を天皇に捧げることが求められる。そういった関係を宮廷で長く続けていれば、他人のプライベートに疎くなってしまうのは当然の成り行きだろう。それゆえ侍従たちは相手が勤務時間外であろうと夜中であろうと、叩き起こして質問をぶつけることになんら抵抗感はない。

ところが侍従武官は、長年公私の別に厳しい軍人として生活している。そんな彼らにすれば、天皇の命令といえども相手の勤務時間外に突然電話し、相手の困惑を十二分に知りつつ意味のない質問をしなければならない作業は苦痛そのものだ。慣れない者にとって宮仕えは、まことに辛きものなのである。

出番の多い按摩と鍼師

ご質問にお答えすべく、侍従武官が電話にかじりつき涙ぐましい努力をしているころ、御内儀の天皇は按摩を受けてすっかりリラックスしていた。

明治天皇の医者嫌いは有名な話で、侍従であった日野西資博によれば、風邪を引いてもなかなか薬を飲まずに周囲をハラハラさせたという。

〈総体御医者が御嫌ひであつたことは誰もが申上げますところでありますが、御風邪を召しましても生姜の砂糖湯とか橙湯を御召しになる。さうして御手療治であるところまでは御忍びになるのでありまして、御熱でもだんだん高くなつて御悪くなつて始めて侍医が拝診をする〉（『明治天皇の御日常』）

容態が悪化してから医者のお世話になるものだから、成分の強い薬を与えられる。すると副作用もあったりして、益々医者が嫌いになる。まさに悪循環である。

天皇は特に〈御目と御歯〉が悪かった。そのためか、ひどい肩こりでもあったという。

風呂に浸かり血行をよくすればよさそうなものだが、前にも述べた「清と次」のルールにより、肩までお湯に浸かることは許されない。

そこで出番となるのが、侍医寮の鍼や按摩の専門家である。彼らは夜のくつろぎ時に頻繁に御内儀に呼びだされた。明治三十八年から侍医寮御用掛として天皇に仕えた鍼師藤木経輝は、〈御肩の凝、御歯の痛等常に按摩や鍼治〉(『談話記録集成』第三巻)を、行なったという。天皇の日頃の健康を支えたのは、優秀な帝国大学医学部教授ではなく、按摩や鍼師たちなのである。

こうして天皇が癒されるころには夜の静けさも深まり、御内儀の各部署は一日の終りに向けて徐々に動き出していた。

心配の種は緊急の奏上

さすがに夜も更けてくると、天皇もつい眠くなり、侍従職出仕であった園池公致は、よく〈舟を漕いでいらつしやる〉(「明治のお小姓(四)」)姿を目にした。女官であった山川三千子によれば、晩年の天皇の就寝時間は年齢の割りに遅い。

〈お上は毎日十一時半にはみ格子（御寝）になります。日露戦争までは十時半でございましたそうですが、戦争中は夜中までもたびたび上奏がございましたので、遅くなるのが御習慣になったとか承りました〉（『女官』）

宮中では一度物事が定例化すると、必要がなくても継続されてしまう。日露戦争を境に、何一つ用がなくても午後に御学問所へ出御するようになったように、御格子の時間も遅くなったまま固定されてしまった。

年をとってからの方が就寝が遅くなったのだから、天皇にとっては体力的にもつらい。しかし、一度定まったルールを律儀に守るため、天皇は眠い目をこすりながらでも起き続けねばならなかった。御格子の時間は日によって十五分ほどの幅があるようだが、本書では午後十一時半としよう。

そして午後十一時半、待ちに待った時間となった。

早速天皇は御格子を言い出した。ここから本日最後の伝言ゲームが始まる。お側の女官が「みこーし」と甲高い声をあげる。この奥御格子の号令は命婦、女孺と伝えられ、身分の階段を駆け下りてゆく。やがて「表」へ届いた伝言は、まだ寝ていない側近の間を駆け巡る。

〈この奥御格子で、大膳寮、侍医寮、侍従武官府、侍従職、皇后宮職の側近者がはじめて寝ることができる〉(『宮廷』)

「みこーし」のこだまが消えると、宿直の侍従職出仕たちは天皇皇后にご挨拶をして、「表」へと帰ってゆく。少年たちは常に天皇の側を離れないために、宮殿屈指の実働時間である。仕事から解放された少年たちは、まっすぐ「表」にある宿直室へ向かう。そして、ふとんに入るとすぐに寝込んでしまうのだった。

さて、宿直する臣下たちの唯一の心配は緊急の奏上で、特に日露戦争中は夜中の奏上が頻繁にあった。当時侍従職出仕であった長谷信昊は、夜もおちおち寝ていられなかったという。

〈**長谷**　われわれ出仕も当時、泊り番というのがありまして、夜中の奏上などがいつあるか知れませんから、直ぐその時はお内儀へ伺わなければならない。それで洋服を着ていては間に合わないので袴を枕元において、それを直ぐ着けて出る用意をしておりました。実に緊張していたものです〉（『明治大帝の御日常を偲び奉る』）

夜中に拝謁を願う者は、まず侍従職に申し出る。すぐさま侍従は寝ている侍従職出仕をたたき起こし袴を着せ、用件を言い含め御内儀に送り出す。たとえ夜中の緊急事態であっても、「奥」との取次ぎ役はあくまでも侍従職出仕なのだ。

少年たちは女官たちの許しを得て、天皇に面会する。天皇は直ちに寝巻きから軍服に着替え、少年たちを従え表御座所へと向かう。天皇が表御座所に入ると、拝謁希望者はやっと部屋へ入れることになる。拝謁が済み天皇が「奥」へ戻った後も、少年たちには部屋の後片付けなどが残っている。つまり緊急事態があれば、ほとんど眠れないことになってしまうのだ。

そんな面倒なことが決して起こらないように祈りながら、宿直の少年たちは眠りにつくのであった。

寝ている間も規則だらけ

少年らの去った御内儀では、御膳の間の隅に置かれた座布団の上で、皇后美子が本日最後の一服を吸い終えたばかりだった。皇后は絨毯に座り直すと、天皇に寝る前のご挨拶をする。

「御機嫌よう」

夫妻の会話は、今朝の始まりと同じ言葉で閉じられた。そしてまた明日も同じ言葉で始まるのであろう。ご挨拶が終ると、天皇と寝室を共にしない皇后は女官を従え自分の居住区へと戻っていく。

〈内侍二人を従えて（一人は前に燭を持って）御休所（ご自分のお部屋）へお引き上げになって、すっかりお化粧も落し、おぐしをとかし、おとき下げ（お下げ髪）に遊ばし白羽二重のお寝間着に緋縮緬の細いおみ帯で、白羽二重のお夜具の揃った寝台の上でみ格子になります〉（『女官』）

今まで見てきたように、御内儀の住人たちは一日中様々なルールに縛られてきた。寝る時くらいは何の気兼ねもなくゆっくりしたいところだが、やはりそうもいかないのが御内儀である。ここでまた出てくるのが「清と次」の問題なのだ。

体の中で特に汚れた場所である足先が直接布団に触れてしまうと、布団を通じて全身が汚れてしまうことになる。それを防ぐために、御内儀の寝巻きには独特の工夫がなされていた。〈裾を長く引いて、足をくるんで〉というから、つまり足が蒲団に触れないよう絹の寝巻きで全身をクレープのように包んで眠るのだという。天皇夫妻も女官たちも皆、この寝巻きを使用していた。

しかし寝相が悪いと、寝てる間に裾から足が出てしまわないかと心配になる。ところが山川は、〈寝てから後のことは、知らぬが仏でしょう〉と至っておおらかなのだから、そのご都合主義にはただ笑うしかない。

さて、独特な寝巻きに包まれて眠りについた女官たちが、何より恐れていたのが地震である。いったん地震が起こると皇后は女官を引き連れて、天皇の寝室までご機嫌伺いに向かわなければならない。駆けつけるのは皇后だけではない。局に下がった女官たちまでも参上するのだ。もちろん緊急事態とはいえ、寝巻きのまま天皇の前に出ることなど出来ない。猛スピードで着替えて、他の人よりも早く到着するために廊下を急ぐことになる。

一方の天皇にすれば、これらの「ご挨拶」にいちいち答えなければならないのだから大変だ。全ての人から挨拶を受けるまで、いくら眠くても寝入るわけにいかない。特に冬場などは一刻も早く布団に潜り込みたいところだろうが、まだ参上していない女官の顔を思い浮かべ、寒さに震えながら天皇は「ご挨拶」を待ち続けるのだ。

やはり、「奥」のルールは天皇に対して特に厳しい。

このような面倒なことがないように願いながら、女官たちは眠りについた。雪のように白いおみ足が裾から出てしまうことがないように祈るばかりである。

天皇の夜

皇后が去った御内儀では、いよいよ天皇が立ち上がり、その晩宿直の権典侍二名、権掌侍一名と共に衣替えの間へと向かった。

天皇は白羽二重の寝巻きに身を包む。寝室である御格子の間へ同行できるのは権典侍一名のみ、残りの二人はそのまま衣替えの間で眠りにつくことになる。同行した権典侍は天皇の寝台の脇で眠ることになっているのだが、むろんいつも決まり通りではないだろう。寝室に同行する権典侍は日ごとに交代し、一人の女性が天皇を独占することは出来ないシステムになっていた。権典侍は天皇が御内儀にいる間は、一日中その側を離れることはない。御内儀から外に出ることもないから、顔色はいつも青白かったという。

そんなひっそりと暮らす権典侍が、ただ一度だけ世間の注目を浴びたことがある。明治二十八年三月、日清戦争で広島大本営に滞在中の天皇のもとに、皇后美子が権典侍二名を従えて訪れたのである。

「皇后様が側室とご一緒に広島に現れた！」

世間の人々にとって、これは驚くべき大事件であった。正妻と側室が助け合う「うるわしいお姿」に、世の男性はみなため息をついた。しかし天皇は、前線の兵士に対するご配慮から、到着から一カ月も彼女たちのもとを訪ねなかったという。この「美談」も、また人々に深い感銘を与えた。このように世間の関心を集めたご訪問であるが、御内儀の立場にたって眺め直してみると、美談の裏事情が透けてくるからおもしろい。

そもそもこのご訪問は、皇后が望んだというよりも、実は天皇に随行していた侍従らが仕向けたことだった。彼らは侍従としての通常業務に加え、女官の代わりもこなさねばならない二重生活にほとほと疲れ果てていた。馴染みのない不可解な規則に縛られた天皇の日常生活を支えるのだから余計である。

〈皇后様が御出でになれば奥の方へ御成りになる、さうすると吾々が休息が出来るといふつもりでありました〉（『明治天皇の御日常』）

彼らが、天皇の身の回りの世話から解放されるためには、実は皇后よりもむしろ権典侍の方が重要であった。御内儀での天皇の身の回りの世話は、全て権典侍の仕事である。もし彼女らがいなければ、天皇は食事や着替えはもちろん、風呂に入ることさえままならないのだ。

「奥」の厳格な身分制度の下では、身分の下の者が権典侍の代わりを行なうことは決して許されない。では皇后が代わりを務める事が出来るかといえば、そんなことはさらに許されるわけがない。つまり、侍従たちの願いを叶えるためには、権典侍にこそ広島にきてもらわなければならなかったのだ。

こういった事情は皇后も十二分に承知している。この時の皇后美子の気持ちを、私たちの価値基準で「お気の毒」などと推し量っても何の意味もない。私たちとはまったく違う社会秩序の中で、彼女は生きているのである。

かくして皇后は、権典侍二名、その他の女官九名を伴い広島を訪れた。天皇一人のお世話には、十分な人数に思えるかもしれない。しかし、なにせ自分の分担以外の仕事を行なってはいけないのだ。御内儀の煩雑なルールを守り生活するにしては、これでも少なすぎる陣容である。特に権典侍の負担は相当なものだろう。

これまで本書で何度となく見てきたが、天皇は、従来からのルールを守ることで臣下に迷惑をかけてしまうような場合は、いつも自らが我慢するという行動をとってきた。果たして今回も、天皇は一カ月もの間、仮の御内儀を訪れることはなかった。すっかり当てが外れた日野西は、〈閉口した〉と本音をもらしている。

その後、侍従らが必死の説得を重ねて、ようやく天皇は皇后らのもとを訪れる。女官の人数が少なくとも手狭ゆえに従来の生活が無理ではないとわかると、それからは仮の御内儀で生活をすることになった。侍従たちがどんなに困っているのかを、一番知っていたのは天皇だったからである。日野西たちは〈大いに安心したやうな次第でございます〉ということで、やっと手足を伸ばして寝ることが出来た。

このように権典侍はいつも天皇に寄り添う特別な存在だが、とりわけ大切なのが「お后」としての仕事である。御内儀の中心にある御格子の間は、窓ひとつなく昼間でも光が差すことはない。夜ともなれば蠟燭だけが頼りである。

天井には今、やわらかい光で照らし出された天皇と権典侍の影だけが映っている。

権典侍が白緞子の天蓋を開くと、天皇は白羽二重で揃えられた夜具に横たわった。

物の怪の支配する時間

天皇の奥御格子を受け、次々と各部署の明かりが消えるに従い、明治宮殿は皇居の森の闇の中に溶け込んでいった。梟の鳴き声が響く森の中で、見回りの皇宮警士はよくヒキガエルを踏み潰し、気の弱い者は恐怖のあまり声を上げたという。

旧江戸城時代から続く一種独特な雰囲気ともなれば、出てくるのが幽霊や物の怪の噂である。皇居の森には狸に関するさまざまな噂話があった。それゆえ仕人たちは、まじないめいたことまでしていた。

〈明治から大正の末期までは、油揚を三枚ぐらい竹の皮に包んで、かならず毎晩紅葉山の入口に捨てたものであつた〉(『宮廷』)

狸への捧げものが効かないのか、それとも捧げもので呼び寄せられるのか、噂はなかなか絶えなかったという。

そして不気味な顔を見せる皇居の森よりさらに怖いのが、夜の御内儀周辺である。例えば侍従職出仕の少年たちは、「表」と「奥」を結ぶ長い廊下をしきりと怖がっていた。

〈**坊城**　私たちは夜など表から奥へ行く時、廊下が長いのでこわかったものですが、窓があいていると、猫が入って暖い行灯(あんどん)の上に乗っていて、いきなり飛び出すんです。

(中略)

長谷　御内儀まで二百メートル位廊下がありましたからこわかったです。

坊城　最後の所はかけて来たものです〉(『明治大帝の御日常を偲び奉る』)

さらに同じ側近奉仕者の座談会で甘露寺受長が、〈階段の下のある部屋から化物がでると云う伝説があったが〉と言えば、穂穙英子は、〈本当ですよ〉とうなずくのだから恐ろしい。

噂ではなく、実際に幽霊を見たという者までいる。山川三千子は局で寝ている時に数回幽霊を見たと証言している。山川が同じ局の日野西薫子に相談したところ、なんと日野西も二回見ていた。二人が見たのは〈白い着物を着たお局さん〉である。〈お局さん〉の幽霊は部屋をウロウロし屏風をすり抜け消える、いたって静かなものなのだがやはり不気味だ。

〈二人が同じ夢をたびたび見ることもないでしょう〉という結論に達し、日野西が局の主、柳原愛子に相談することになった。翌日、山川は日野西から、もう安心して大丈夫だと告げられる。

〈あのお話をしたら一瞬さっとお顔色が変りましたのよ。そしてさっそく代拝をたてて御祈禱をいたさせますから、もう大丈夫ですとおっしゃいました〉（『女官』）

柳原は〈お局さん〉に心当たりがあったのだ。柳原は〈柳島の妙見さん〉というお寺に祈願し、それ以後〈お局さん〉は出なくなったという。寺には誰かのお墓があるのだろうか。御内儀という特殊な世界の中で、次期天皇を産み奉った柳原をねたむ者がいても可笑しくない。まして競争相手の権典侍同士ではなおさらであろう。とても気になる話だが、山川の自伝はこれ以上詳しく教えてくれない。

午前一時、御内儀の闇の中に突然、三つの光が動き出す。と同時に、甲高い女性の声がこだました。

「火の元！」「火の元！」

寝ずの番の女嬬三名による見回りである。彼女たちは、女官の宿舎である局の中も巡回し、火の用心を呼びかける。「ご苦労様でございます」と答える声も聞こえる。

この儀式が終わると、明治宮殿は完全に静寂が支配する世界となる。

こうして、明治宮殿の長い長い一日が終わった。

第七章　様変わりする歴代皇室

大正時代に始まった「お学友」制度

本書の主人公である明治天皇は、明治四十五年七月三十日、五十九歳で崩御した。西洋文化を取り入れる一方で、従来からの伝統を頑なに守り通した君主亡きあと、宮殿や彼に続く天皇たちの日常生活はどのように変わっていったのだろうか。

大正天皇は即位後すぐに明治宮殿に入らず、しばらくは皇太子時代と同様に青山御所から通っていた。皇太后美子の引越しや改築工事に手間取ったためだが、堅苦しい生活を先延ばしにしていたことも一因であろう。

女官であった山川三千子は、〈今まで蠟燭だった宮城も全部電灯にかわり、暖房などもすべてスチームによることになりました〉（『女官』）と改築の様子を伝えている。煤で真っ黒になった障子を取替え、御内儀は見違えるほど明るくなった。また、明治天皇時代には一階のみを使用していた御学問所だが、一階表御座所を拝謁用に、未使用だった二階を「表御休所」として政務・休息用に整備した。

即位後一年経って、大正天皇夫妻はようやく明治宮殿へ引っ越した。

大正時代の御内儀には、明治時代から比べ大きく変わった点がある。それは、実質的な一夫一婦制度になったということだ。表面的には明治時代と同じく、宮廷には皇后節子の「お控え」である公家の未婚の娘たちが在籍していたが、実際に「お后」としての役目はなかった。

大正天皇の侍従であった河鰭實英によれば、天皇の一日は少し早めに始まった。

〈毎日のお目覚めは、普通は七時でした。お召し替えになる前にお漱ぎし、私服を召されて、それからご朝食ということになります。ご朝食の献立は、牛乳と卵、それに米を焦がして作られるお粥です。これは独特のものです。それからパンを召し上がる。それくらいのもので、ご朝食はあまり召し上がらなかったようです〉（『宮廷の生活』）

起床は六時半という証言もあるが、いずれにしても明治天皇の八時起床よりも早まった。お目覚め以降の伝言ゲームなどは従来どおりである。朝食のお粥は「おゆのこ」と呼ばれるもので、大正天皇のために消化のよい品が選ばれている。

その後陸軍のカーキー色の軍服を着用し、御学問所へ出御する。午前中は拝謁が多いので一階の表御座所へ入り、拝謁がない時間は二階で執務などをこなした。午前の執務は十二時までと、明治時代より早めに切り上げている。

大正の宮廷からは、常に天皇の側に寄り添っていた侍従職出仕が消えた。実質的な一夫一婦制に変化したことで、大正時代の御内儀は夫妻の家庭となった。それゆえ、御内儀が妃たちの住む後宮だからこそ必要だった取次ぎ業務は、侍従や内舎人がかわって行なうようになったのだ。

少年らを除いて男子禁制が貫かれていた「奥」に、侍従ら成人男性が出入りするとなれば一大事である。古い体質そのものである女官たちがよくぞ受け入れたと、不思議に思う方もおいでだろう。実は侍従といっても、その多くがそもそも侍従職出仕経験者であり、彼らを少年の頃から見知っていたため抵抗が少なかったのである。

宮廷から侍従職出仕が消えた一方、あらたに登場するのが「お学友」と呼ばれる少年たちである（「ご学友」という言い方が一般的だが、当事者たちは著作でこう記している）。これは、幼い頃から宮廷内で実地教育を施し側近を育てる、という従来の制度の変則形だ。少年らの教育に当たるのは明治天皇に鍛えられ大人になった、かつての侍従職出仕たち。彼らは自分たちの受けてきた教育を、皇子を交え少年らに施すことで、次期天皇とその侍従を同時に養成して行くのだ。

こうして育ったお学友たちは天皇一家に恩義を感じ、「お砂場」から「墓場」まで生涯を捧げ尽くす。他の旧出仕も侍従などとして宮廷に残り新天皇を支える。崩御したはずの明治天皇は、自らが教育した「息子」たちを通じて、大正時代にも生き続けていた。

同じテーブルで向き合う大正天皇夫妻

さて、大正天皇の昼食は洋食だった。もちろん女官たちの作法に則った給仕を受け、その後「表」へ出御となる。

〈午後一時頃には、モーニングコートにお着替えになって、表の二階にある書斎にお入りになり、そこで和歌や詩をお作りになったり、御書をお書きになったりと、ご自分の時間をお過ごしになられます。
二時頃からご散歩で、これには侍従と武官、（中略）内舎人、それに犬がお伴をします。御殿をお出になって吹上御苑へ向かわれます〉（『宮廷の生活』）

明治天皇はたとえ夜中であっても、「表」に出御の際は軍服に着替えた。宮廷のドレスコードからすればモーニングコートは普段着だが、これは散歩に備えてのことだった。その散歩は、大正天皇の健康を考え日課に組み込まれたものだ。かつて明治天皇は下働きの者たちに迷惑がかかることを恐れ散歩を自主規制していたが、大正天皇は違った。即位した直後、仕人であった小川金男は宮内省から次のような意味の訓辞を受けたという。

〈陛下は誰にでも気易く話しかけられるお癖があるから、仕人は決して陛下の御前に姿をお見せしてはならぬ〉（『宮廷』）

皇太子時代と同様に、誰とでも隔てなく接しようとする大正天皇の振る舞いは、臣下に衝撃を与えた。私たちの感覚からすれば、大正天皇の行動にはむしろ好感が持てるのだが、身分の「区別」を重んじる宮中では決して許されることではなかったのだ。

話を大正天皇の一日に戻そう。散歩から帰った天皇は風呂に入ったのち、仙台平の袴姿といった和服に着替える。袴は、大正天皇のお気に入りのスタイルである。また夕食だが、明治天皇夫妻は別々のテーブルだったが、大正天皇夫妻は一つのテーブルで向き合って食べた。

食事の際に侍従や女官が陪食するというのも、明治との大きな違いであろう。以前の「おすべり」と異なり、一人に一人前ずつ下賜される「お認(したため)」と呼ばれるスタイルで「お相伴」する。ただそうはいっても、絨毯の上に座り〈手のひじを膝の上に乗せて、なかばおじぎをした様な形〉など、面倒な宮廷のマナーは守らなくてはならなかった。天皇の前を通る時には、身をかがめるなどの作法も相変わらずである。

夕食後、天皇はビリヤードなどを楽しみ、就寝は午後十時から十一時の間、〈毎日が規則正しい生活でありました〉（『宮廷の生活』）という。大正天皇もまた、宮中の時計としての役目を果たしていたのだ。

さらに大正天皇には、もう一つ重要な役目があった。天皇の生涯を時代の一つの区切りとする、「国家の時計」という役割だ。同じ天皇の代に何度も元号が変わることもあったが、明治以降は一世一元制が定められた。そういった意味では明治天皇も実は国家の時計であったのだが、実際にその感覚が国民の間に芽生えたのは、やはり大正改元の際であろう。人々は改元により、それ以前の年月を一つの時代として考えるようになった。それは平成を生きる今、私たちが昭和という時代をあらためて自覚するのに似ている。

様々な重い責任を負わされた天皇は、過密スケジュールのために次第に病気がちになってゆく。大正天皇が明治宮殿で過ごした時間はとても少ない。やがて天皇の日常生活の場は静養先の御用邸へと移ることになる。政務は二十歳になったばかりの皇太子、後の昭和天皇に任されることになった。

葉山御用邸での闘病生活に供奉した仕人の小川金男は、運動のために力を振り絞って廊下を歩く天皇の姿を目にしている。天皇は歩きながら軍歌を歌っていた。

〈その軍歌はきまつて、あの「道は六百八十里」というのであつたが、健忘症にかゝっておられたから、「道は六百八十里、長門の……」とまで唱われても、その後をどうしてもお思い出しになれない。それでまた「道は六百八十里、長門の……」とお唱いになる〉(『宮廷』)

この歌は、皇太子時代に妃節子のピアノ伴奏で、一家揃って歌った思い出の歌である。歌詞はこの後こう続く。

長門の浦を船出して　はや二とせを故郷の　山を遥に眺むれば　曇り勝なる旅の空
晴らさにやならぬ日の本の　御国の為と思ひなば　露より脆き人の身は　こゝが命のすてどころ　身にはたま傷つるぎ傷　(作詞石黒行平、作曲永井建子)

そんな孤独な天皇に寄り添うものがいた。ペットの九官鳥である。九官鳥はすっかりこの一節を覚えてしまい、天皇のマネをして女官を驚かせたという。

〈道は六百八十里〉、〈道は六百八十里〉

静かな昼下がり、人気のない葉山御用邸の廊下に向かい、かごの中の九官鳥は歌い続けていた。

一夫一妻制度の昭和時代

昭和三年九月十四日、この日は昭和天皇夫妻が明治宮殿へ移転する特別な日であった。宮殿へ入った二人を待ち受けていたのは、改装され以前とはまったく違う御内儀の姿であった。

これまでと比べ、昭和時代の御内儀が大きく変わった点は二つある。一つ目は完全な一夫一婦制度が確立したこと、二つ目は女官制度改革が劇的に進んだことである。すでに大正時代の御内儀は「実質的」な一夫一婦制であったのだが、昭和天皇はそれをより「完全な」ものにしたかった。

新しい御内儀の人員は、女官長（女官の取りまとめ役）一人、女官（御内儀の事務全般）六人、女孺（御内儀の雑務全般）六人、という極めてコンパクトな陣容となった。ちなみに、同時期の皇太后（大正天皇の皇后節子）職女官の定員は、本書に登場した権命婦以上が三十五人、権女孺以上の女官が三十四人である。天皇夫妻に仕える女官が十三人にもかかわらず、皇太后一人に六十九人もの女官が仕える計算となる。御内儀の徹底した人員削減ぶりには驚かされるばかりだ。

またその勤務体制も、従来の未婚の女性が一生住み込むという形から、既婚者や未亡人を採用し通勤を基本とする形へと変化した。皇后の「お控え」という意味合いは、これで完全に消滅することになる。

昭和天皇がこれほどまで劇的に宮廷を改革できた要因は、皇族久邇宮良子(くにのみやながこ)との結婚に尽きるのではないだろうか。近世に入り大正天皇までの天皇は、五摂家から皇后、中宮を迎えるのが慣習となっていた。家格の違いはあるものの、皇后と権典侍は同じ公家の娘である。それゆえ、権典侍は皇后の「お控え」であり得たのだ。

昭和天皇の結婚がこれまでと大きく違うのは、相手が皇族だという点である。そうなると、皇族出身の皇后のお控えが公家の娘ではバランスを欠いてしまう。つまり昭和天皇は、従来からの身分制度を逆手にとって、権典侍を追放したというわけだ。

皇族の結婚の形の分岐点として今上天皇と美智子皇后との結婚があげられることが多い。だが、こうして見てみると、むしろ昭和天皇と皇后良子の結婚のほうが、はるかに大きな分岐点であったのだ。

しかしこの新体制は、けっしてすんなりと受け入れられたわけではない。立ちはだかったのは、強硬に反対する母、皇太后節子である。皇太后は従来のしきたりを主張し、両者の歩みよりは見られなかった。

その結果、皇太后に対しては、大掛かりな旧来からの女官制度を敷くことになってしまった。名前一つ呼ぶにしても、新体制の明治宮殿の女官は本名、大宮御所（皇太后の御所）の女官は源氏名、という具合だから、両者を行き来する宮内省の役人は頭の切り替えに悩まされることになった。

肝心の女官の採用に関しては、従来の公家出身者にこだわらず、旧大名家、勲功家にまで幅を広げることになった。しかし、華族出身者が顔を揃えることには変わりなく、家柄による「区別」が消え去ったわけではない。

昭和三年九月十四日に話を戻そう。

昭和天皇を迎えるために、宮殿は洋風にリフォームされていた。御学問所は、部屋の仕切りを取り外すことで一階、二階ともに二部屋に改造され、畳もはずされ床に造りかえられた。それまで障子と雨戸しかなかった御内儀にも、新しくガラス戸がはめ込まれ、また一部が新築された。昭和天皇のお学友で長年侍従として仕えた永積寅彦の『昭和天皇と私』によれば、夫妻は寝室でベッドを使用したという。平安期の帳台から続いた御寝台は、ここで姿を消したのである。

昭和天皇のごく普通の一日を簡単に眺めていくことにしたい。

昭和初期の御内儀については、当時侍従次長であった河井弥八が、女官の仕事をまとめたメモ（『昭和初期の天皇と宮中』第六巻、河井日記関連資料十「女官の日常のあらまし」）を残しており、閉ざされた生活を垣間見ることが出来る。

夫妻の起床は七時半前後だった。大抵は皇后が先に目覚め、仮の着替えを済ませ天皇を起こす。本書で述べてきた、天皇のお目覚めを伝える「おひーる」の伝言ゲームはもちろんない。この時期になると、「奥」でも電話やベルが使用され、伝言ゲームの必要はなくなったのだ。長々とした「おしまい」の儀式もなく、夫妻は着替え、洗顔などの身支度を、自分自身でテキパキとこなさなくてはならない。女官は身支度を手伝いながら、寝室の片付けを行なう程度である。

御内儀の宿直は、女官二名、女嬬二名、朝食は、たった一人の女官の配膳でとる。

朝食が終わるとその旨が電話で「表」に伝えられ、宿直の高等官が御内儀にご挨拶にやって来る。天皇夫妻の家庭となった御内儀に、男性高等官が出入りすることは、もはや当たり前のことになっていた。天皇は軍服に着替え、御学問所へ出御する。

天皇夫妻の家庭となった御内儀

午前九時、天皇は自分で鶏の杉戸を開き、御学問所へと向かった。到着すると、そのまま二階の執務室へ直行する。二階の二つの部屋は各十六畳ほどで、両方共グレーの絨毯が敷かれ、廊下に面してガラス障子が張り巡らされていた。

執務室の奥にはマントルピースが設置され、その前に木の縁取りのある革張りの大きな執務机が置かれた。椅子も革張りで、背には菊の御紋章が金箔押しされている。側には御璽(ぎょじ)の置かれた台があり、この質素な部屋が天皇の御座所であることを示していた。明治天皇の足の踏み場に困るような執務室と異なり、昭和天皇らしいいたってシンプルな内装である。

二階のもう一部屋は御書斎となっている。壁一面が本棚で埋め尽くされていたこの部屋は、生物学者である天皇の研究室でもあった。昭和十一年から二十一年まで侍従であった岡部長章(おかべながあきら)によると、天皇は少しでも時間があれば机に向かっていたという。

〈御書斎には赤坂離宮（注：皇太子時代の住居）当時ご愛用の白ペンキ塗りの小さなお机と生物学のカードを入れた粗末な引き出しがありました。お机と同じ様式の白い塗りの小さなお椅子に座られて、生物学の本を広げて見ておられることが多かったのです〉（『ある侍従の回想記』）

天皇が一息ついたところを見計らい、侍従長、皇后宮大夫、侍医頭が、朝の挨拶のために揃って執務室に入ってくる。以前のように、毎朝全ての者が顔見せをする儀式はなくなっている。三人が部屋を出ると、天皇は一人で仕事に取り掛かった。既に御内儀で宿直の侍従と打ち合わせなどは済ませてあり、予定をしっかり把握した上で仕事をこなしてゆく。一方その他の侍従たちも、「常侍官候所」と呼ばれる詰所でそれぞれの仕事に余念がない。侍従武官は、別に専用の部屋があるのだが、出御中はこの部屋に詰めていることが多かった。

天皇が、内大臣や宮内大臣、侍従らに用がある際には、直通の電話またはベルを用いて、天皇の方から直接各部署へ連絡をする。ちなみに、電話、ベルは天皇から臣下への一方通行であり、臣下から天皇へ話がある場合には以前と同様にお部屋に伺う形式であった。

昭和の時代に入っても御学問所での仕事の中心は、やはり拝謁である。拝謁のアレンジをするのは、内務官僚出身の庶務課長だ。

〈たとえば、外務大臣が拝謁を願い出た方がいいというような状況が起きると、内閣書記官から宮内省を通さずに直接、侍従職の庶務課長に電話がかかってきます。そうすると、庶務課長がそれまでのご予定一覧の黒板を見て、予定がぶつからないように調整して、書生部屋（注：常侍官候所）に「午後一時から外務大臣の拝謁を」という電話をします。侍従は「うけたまわりました」と言って電話を切り、直ちに御前に出て陛下にお伺いする。「よろしい」とお許しを得ると庶務課長に伝え、庶務課長から内閣書記官室に伝えられて拝謁予定が完了するのです〉（『ある侍従の回想記』）

めでたく予約がとれた拝謁者は、宮殿に到着するとまず参殿者休所に通される。侍従から常侍官候所に相手の到着が電話で伝えられ、別の侍従が天皇を二階から一階に先導する。天皇が入室すると、拝謁者は部屋へ案内された。

御学問所の一階部分は二部屋に分かれていたが、真ん中の仕切りははずされ、代わりに金屏風が置かれていた。部屋奥にあるマントルピースを背に座る天皇と、金屏風を背にする相手とが向き合う形で拝謁は行なわれる。

こうして天皇は午前の公務を粛々とこなしていった。

天皇夫妻の昼食は十二時。朝食と同じく、昼夕の配膳も基本的に女官一人である。午後一時、一時間のお昼休みを終えた天皇は再び「表」へと向かう。午後の政務が暇なときには生物研究所へ足を向けることもあった。

午後四時、天皇はおやつの時間にあわせて「表」から戻り、一休みすると再び「表」へ向かう。皇后はその後、入浴という運びになる。ちなみに河井メモには、天皇の入浴に関する記載がない。他の予定と考え合わせると、夕食前後と推測されるのだが、毎日入浴するというわけではなかったようだ。

夫妻水入らずの夕食は午後六時半にはじまるが、毎週土曜日は侍従や侍従武官、女官らと一緒に食事を楽しむのが恒例となっていた。廷臣たちも夫妻と同じテーブルに着き、フランス料理のコースを楽しみながら会話に興じるのだ。昭和天皇は酒も煙草も嗜まない。祖父母、両親と比べると、ずいぶんストイックな生活態度だった。

午後十時前後には「御格子」となる。昭和の時代になっても、「御格子」は宿直者の休む目安として残っていた。しかし、さすがにそれを関係各所に知らせる手段は電話連絡であった。こうして天皇の一日が終わった。

昭和天皇は明治天皇同様に時間に正確で、ぴたりと予定通りに行動したという。その一方で、夕食後天皇はしばしば一人でふらりと御学問所に戻り、宿直の侍従たちとブリッジを楽しんだりもしている。

昭和天皇の中には、祖父と父両方の性格が息づいていた。

消え行く宮中の伝統

ところで大正時代の「お学友」制度だが、昭和になっても立派に機能していた。昭和天皇の教育スタッフには、明治天皇に直接鍛えられた者たちが教官として残り、さらにその彼らから教育を受けた大正天皇のお学友たちも引き続き皇室を支えた。

ちなみに、今上天皇も学習院中等科進学と同時に御学問所に入り、昭和天皇同様の特別な教育を受ける予定であったが、終戦を迎えこの計画は中止されている。その後も一生徒として学習院に通ったので、少人数のお学友を選抜し、未来の側近として特別に育てるというシステムとは無縁であった。ここに遠く平安の童殿上（わらわてんじょう）を礎とする、宮廷の教育システムは消滅したのである。

　さて、この時期のお学友出身以外の侍従の資格は、〈大名華族か公家華族の子弟で、学習院を出て、官立の大学を出て〉（『ある侍従の回想記』）いることが条件だった。女官と同様にここでも、家柄による「区別」は根強く残っていた。

　しかもこの事情は内大臣府・侍従武官府にまで及んだ。この時期、華族出身者の比重が増えるのだが、それには宮内省における急激な合理化政策が影響している。つまり部署の統廃合、大幅な人員削減により、新人に宮廷内のしきたりや人間関係を教え込む時間や余裕がなくなり、業務に支障が出始めたのだった。昭和天皇の徹底した合理主義が、逆に宮廷の「常識」を身につけている華族出身者の重用を招いてしまったのは、なんとも皮肉な結果である。

　徹底した合理化の影響はこれだけではなかった。たとえば明治時代の侍従詰所は、拝謁を待つ政治家や軍人たちの暇つぶし場所であるとともに、彼らと侍従たちの貴重な情報交換の場でもあった。宮廷の合理化が進むにつれ、侍従たちの見かけ上の作業効率は上がったが、その一方で政府要人たちとの活発な交流は途絶え、外部の情報から遮断されてしまった。

やがて日本は第二次世界大戦へと突入するが、昭和天皇は側近と共に政治機構のなかで孤立を深めていった。

昭和二十年五月二十六日未明、空襲により明治宮殿は全焼した。本書の舞台となった数々の部屋は跡形もなく消えた。幸いにして天皇夫妻は、昭和十八年一月に吹上御苑内「お文庫」に居を移しており、その場所で終戦を迎える。

戦後、新憲法制定に向けて日本がアメリカと協議をしていく過程で、華族制度の廃止が確定的になった。これまで宮中の根幹をなしてきた家柄、身分に拠るシステムが、ついに終わりを告げるときが来たのだ。昭和天皇は、これまで時代錯誤なシステムを次々と廃止してきた人物だ。天皇が望み続けた新たな宮中が実現するのである。

当時幣原内閣で厚生大臣を務めていた芦田均は、この件に関する天皇の発言を日記に残している。

〈陛下は皇室典範改正の発議権を留保できないか、又華族廃止についても堂上華族だけは残す訳には行かないかと申されたといふ報告であつた〉(『芦田均日記』第一巻、昭和二十一年三月五日)

華族制度の廃止は、旧家臣に物心両面で援助を期待できる大名華族、薩長閥を通じて政財界に厚い人脈を持つ勲功華族、しっかりした経済基盤を持つ財閥華族の中で、圧倒的に堂上(公家)華族に不利である。公家華族を守れるものは天皇しかいなかった。

それにしても、〈堂上華族だけは〉との発言はなんとも重い。母・皇太后節子と対立してまで宮廷改革を進めた昭和天皇の中にさえも、宮中に連綿と続く身分システムは生きていた。結局、改革の最後に立ちはだかったのは天皇自身だったのである。

昭和天皇のこの発言は閣議にかけられたが、岩田宙造司法大臣らの反対にあい、結局アメリカ側には伝えられなかった。

明治天皇があれほど我慢を重ねながら守り抜いた伝統は、こうして消滅してしまった。それとともに、宮廷からは多くの人が去っていった。宮家や華族たち、そして幼いころから宮廷に出入りをし、時に天皇さえ叱り飛ばすほどの実力を持った家族同然の廷臣たちも姿を消した。

広い広い皇居の森の真ん中に、皇室だけが残った。

主要引用文献・参考文献リスト

【引用文献リスト】（順不同）

『臨時帝室編修局史料「明治天皇紀」談話記録集成』堀口修監修・編集・解説、ゆまに書房、二〇〇三年

『明治天皇紀』宮内庁編、吉川弘文館、一九六八〜七七年

『側近奉仕者座談会　明治大帝の御日常を偲び奉る』明治神宮崇敬会、一九六二年

『昭憲皇太后御坤徳録』明治神宮崇敬婦人会編、一九五四年

『明治天皇の御日常』日野西資博、新学社教友館、一九七六年

『宮中五十年』坊城俊良、明徳出版社、一九六〇年

「明治宮廷の思い出」園池公致、『世界』第一二九号、岩波書店、一九五六年九月

「明治のお小姓　続明治宮廷の思い出（一）〜（六）」園池公致、『心』第十巻第六、七、九、十、十二号、第十一巻第六号

『女官』山川三千子、実業之日本社、一九六〇年

『宮廷』小川金男、日本出版協同、一九五一年

『御所ことば』井之口有一・堀井令以知、雄山閣、一九七四年

『宮廷の生活』河鰭實英講演、㈳霞会館　公家と武家文化に関する調査委員会編、霞会館、一九九二年

『皇室建築　内匠寮の人と作品』鈴木博之監修、飯田喜四郎監修協力、内匠寮の人と作品刊行委員会編、建築画報社、二〇〇五年
『昭和天皇と私』永積寅彦、学習研究社、一九九二年
『昭和初期の天皇と宮中　侍従次長河井弥八日記』河井弥八著、高橋紘・粟屋憲太郎・小田部雄次編、岩波書店、一九九三〜四年
『ある侍従の回想記』岡部長章、朝日ソノラマ、一九九〇年
『芦田均日記』芦田均、岩波書店、一九八六年
『幕末の宮廷』下橋敬長著、羽倉敬尚注、平凡社、一九七九年
『天皇さま』甘露寺受長、日輪閣、一九六五年
『みやび　その伝承』坊城俊民、昭森社、一九八一年

【参考文献リスト】（順不同）
『明治天皇』ドナルド・キーン著、角地幸男訳、新潮社、二〇〇一年
『明治天皇を語る』ドナルド・キーン、新潮社、二〇〇三年
『入江相政日記』入江為年監修、朝日新聞社編、朝日新聞社、一九九〇〜一年

主要引用文献・参考文献リスト

『牧野伸顕日記』伊藤隆・広瀬順晧編、中央公論社、一九九〇年

『木戸幸一日記』木戸日記研究会校訂、東京大学出版会、一九六六年

『岡部長景日記　昭和初期華族官僚の記録』岡部長景著、尚友倶楽部編、柏書房、一九九三年

『坊城俊章日記・記録集成』尚友倶楽部・西岡香織編、芙蓉書房出版、一九九八年

『侍従武官日記』四竈孝輔、芙蓉書房、一九八〇年

『徳川義寛終戦日記』徳川義寛著、御厨貴・岩井克己監修、朝日新聞社、一九九九年

『側近日誌』木下道雄、文藝春秋、一九九〇年

『明治大帝』飛鳥井雅道、筑摩書房、一九八九年

『貞明皇后』入江相政・木俣修・福田清人・石川数雄編、主婦の友社、一九七一年

米窪明美　1964（昭和39）年東京都生まれ。学習院大学文学部国文学科卒業。学習院女子中等科非常勤講師。近代宮廷のシステムを儀式の作法から解明する研究を続けている。本作品が初の著作となる。

Ⓢ新潮新書

170

明治天皇の一日
皇室システムの伝統と現在

著　者　米窪明美

2006年6月20日　発行
2022年4月10日　4刷

発行者　佐　藤　隆　信
発行所　株式会社新潮社
〒162-8711　東京都新宿区矢来町71番地
編集部（03）3266-5430　読者係（03）3266-5111
http://www.shinchosha.co.jp

印刷所　大日本印刷株式会社
製本所　加藤製本株式会社

ISBN978-4-10-610170-0　C0221

価格はカバーに表示してあります。